快速格式化

——常见文体范例

唐 江 编著

贵州出版集团

贵州人民出版社

出版说明

兴趣是最好的老师,知识的学习更是如此。如果学习者缺乏兴趣,阅读就将是一个枯燥无味的过程,轻松快乐的学习也就无从谈起。基于这样的事实,本着"兴趣阅读、快乐学习"的理念,我们经过深入调研,与国内的众多专家学者及一线教师全力合作,为所有希望将学习变得轻松愉快的朋友奉献上"快乐阅读"书系。

"快乐阅读"书系,以知识的轻松学习为核心,强调阅读的趣味性。它力求将各种枯燥无味的知识以轻松快乐的方式呈现,让读者朋友便于理解接受。它的各种努力,只有一个目标,即力图将知识学习过程轻松化、趣味化。读者朋友在阅读过程中,既能保持心情愉快,又能学有所得。在轻松愉快的氛围中学习,让知识学习成为读者朋友的兴趣,本身就是提高学习效率最有效的途径。

"快乐阅读"书系首批图书分为"语文知识"、"作文知识"、"数学知识"、"文学导步"、"文学欣赏"、"语言文化"、"个人修养"七大板块,各个板块之下又有细分。英语、生物、化学等相关的知识板块将会在以后陆续推出。针对不同学科知识的特点,本书系以不同的方式来达到轻松快乐的目的。要么是以故事的形式,在故事的展开之中融入相关知识;要么是理清该知识点的背景,追根溯源,让读者朋友知其然,更知其所以然,让理解更为轻松。总而言之,就是以最恰当的方式呈现相关的知识。

希望这套"快乐阅读"书系能陪伴每一位读者朋友度过美好的阅读时光。

编　者
2014 年 5 月

目　录

快速格式化——常见文体范例

开卷交代

　　"格式化"原本是一个计算机术语,指对磁盘或磁盘中的分区进行初始化的一种操作。本书名为《快速格式化——常见文体范例》,所传达的却是希望读者能够通过这本书的介绍,高效快捷地掌握常见应用文的写作方法,使自己笔下的文章能够符合文体规范,"格式化"起来。

　　应用文就是人们在日常的工作、学习和生活中,处理公务和私务、互相沟通、交流信息时所使用的文章体式。它与我们的日常生活息息相关,所包含的内容非常广泛,使用频率很高。现在的语文教学中,写作偏重于对记叙和议论类文体的训练,大家平时阅读的书籍也以文学作品为重。其实,在社会生活中,几乎各行各业都会使用到应用文,它能够帮助我们解决实际问题,具有强烈的针对性和实用性的,正是这些看似朴实的文体。在当前经济、科技、信息"一体化"的现代社会里,应用文写作对读者朋友来说,无论是出于日常生活技能的需要,还是对其综合素质的提高,都是至关重要的。

　　为体现本套丛书"以'兴趣阅读、快乐学习'为理念,强调阅读趣味,力求将'碎片式'阅读导向轻松愉快的积累性阅读"这一编写宗旨,本书采用了新颖独到的"情境再现"方式,即在每一种应用文的介绍中,设计一个日常生活中的情境,每一个不同情境都会引出场景中的主人公需要解决的一个应用文写作问题,然后通过写作知识介绍,用轻松活泼的笔触引导读者朋友懂得不同文体的相应格式及写作特点,解决最初遇到的问题,并以范文及"动手小训练"加以强化。

　　这种情境化的文体知识普及方式,避免了板起面孔说教的枯燥繁

快速格式化——常见文体范例

琐。面对一个个与日常生活紧密相关的问题的解决,相信很多读者感同身受。因为这些需要写作的场合及文体,正是他们同样会经常遇到的。本书的"动手小训练"的部分,侧重于操作性强,生动活泼的练习方式,结合范文通过相应训练,能够较快掌握相关文体的写作。在语言表述上,本书也力求亲切活泼、通俗易懂,简洁明快。

　　本书共分八章,分别介绍了以下应用文的写作:"求请申述类"的申请书、倡议书、保证书等;"宣传报道类"的消息、通讯、标语口号;"言辞竞技类"的演讲稿、辩论词、竞聘词;"社交礼仪类"的感谢信、慰问信、欢迎词;"事务实用类"的计划、总结、调查报告;"规约凭证类"的公约、守则、借条、合同等;"个人生活类"的书信、日记等。

　　本书体例新颖,内容丰富,简明实用,便于读者学习仿效,高效掌握,快速地"格式化"起来。相信它能成为读者朋友生活中不可缺少的参考书。

第一章

表达内心的想法

——求请申述类

一　申请书

实用情境

　　刚下课间操,江海市一中的校园报刊栏前围了一堆同学,吸引他们的是新贴出的一则通知。"学校科研社又要招募成员了! 你想参加吗?""听说科研社的都是些理科尖子啊,我可够不上!""才不是呢,主要是看动手能力和思维的灵活性,他们的活动都挺有意思的,科研社去年参加全国中学生发明创新大赛有同学获了一等奖,那同学还保送了科大呢!""这么厉害啊,小宇,你不是最喜欢捣鼓实验这些吗? 明思涛你也是个电脑高手,赶紧报名参加

明思涛

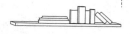

吧!"明思涛捅了捅旁边的张宇,"我早就想参加了,你呢?""科研社大名鼎鼎,我就怕选不上。""通知上说要先交个申请书介绍自己的情况,那我们先写个申请试试吧。""也行。"同学们议论开了。

同学们在看报刊栏贴的新通知

说到申请书,同学们并不陌生,"入团申请书"可能很多同学都写过。那么申请书这种文体有怎样的特点,在写作上要注意些什么呢?

申请书是单位或个人因某种需要向有关部门、组织或社会团体提出书面请求的专用书信。它的使用范围十分广泛,如入党申请书、入团申请书、困难补助申请书、转学申请书等。申请书的内容比较单纯,一般是一事一书。

一、申请书的格式

(一)标题

在第一行正中写申请书的名称,字号稍大。有两种写法,一种是直接写"申请书",另一种是在"申请书"前加上内容,如"入团申请书"、"关于成立民乐队的申请书"等,一般采用第二种。

（二）称谓

在标题下一行顶格写明接受申请书的单位、组织或有关领导,后面加冒号。如"尊敬的校领导""敬爱的团组织"。

（三）正文

正文部分是申请书的主体,首先提出要求,其次说明理由。理由要写得客观、充分,事项要写得清楚、简洁。

（四）结尾

表示礼节或恳切的愿望,如"此致敬礼"等。

（五）署名和日期

在结尾下一行靠右写申请人的姓名,单位申请写单位名称并加盖公章。署名的下方写申请的年、月、日。

二、写申请书的注意事项

（一）申请的事项要写清楚、具体,涉及的数据要准确无误。

（二）理由要充分、合理,实事求是,不能虚夸和杜撰,否则难以得到批准。

（三）语言要准确、简洁,态度要诚恳、朴实。

【例文】

入团申请书

敬爱的校团总支:

我是初×(××)班的××,在班里任××委员,成绩中上,一直以来我都认为加入共青团是一件光荣的事。

我怀着无比崇敬的心情,申请加入中国共产主义青年团。共青团组织是一个先进的集体,因为团是党的助手,是无产阶级的先锋队组织,她时刻激励着我们年轻的一代奋发向上、敢于斗争、勇于拼搏、自强不息。

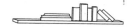

它培养出先进的青年,使一批又一批的人才涌现,使青年们认识到要做新一代有文化、有道德、有理想的社会主义青年。

虽然我没有上过团课,但对共青团还是有一定了解的:共青团是先进青年的先锋组织,是中国共产党的后备军,还是培养德、智、体全面发展的人才的大学校。团员要积极上进,热心为大家服务,先人后己,不计较个人的得失。共青团是党领导下的先进青年的群众组织,是党可靠的、得力的助手和后备军,是培养青年学习共产主义,具有"四有"、"五爱"品质的大学校。因此,我向团总支申请:我一定用实际行动积极争取及早加入共青团,请考验,请批准。

团组织如果让我加入共青团这个美好的大家庭,我会遵守团的章程,认真完成团交给的任务,我不但会用实际行动来证明自己,而且要做一个有纪律性、组织性的中国共青团员。并且决心维护团组织,为团组织争光。在学习上,我会加把劲,提高自己的成绩,做一个模范的共青团员。

如果这次未能加入共青团,我会找出不能入团的原因,努力纠正错误,当这次是团组织对我的考验,下次再继续努力。

希望团组织认真考虑和审查我,给我一次机会,加入团的大家庭,为团作贡献。

此致
敬礼!

申请人:××

××××年×月××日

下面我们来了解校园社团成立的申请书应该如何写。社团是中学校园生活及开展活动不可或缺的组织,自创社团组织活动,能使参与的同学在组织协调能力、社会交往能力、创造性思维等方面都得到较大的提高。国外的很多大学录取学生时，都会把社团活动参与情况作为一个重要的考察因素。

在学校成立社团需要获得学校相关部门的同意。社团的成立申请书格式和前面介绍的基本相同，只是在这类申请书中，需要写明社团的组织机构、宗旨等内容。所以在写申请之前，想成立的社团应该已有了比较完善的规划，这样才能帮助学校进行了解和审查，获得通过。而不是只有个初步想法就贸然提出申请。

【例文】

申请书

尊敬的校团委领导：

我是高一(三)班的李林，为了通过组织社团为我校的学生社团活动发展贡献自己一份微薄之力，也为了更好地为我校喜爱吉他的同学服务，并在此过程中提高自己的综合素质，特向学校递交此社团申请书。

我们学校成立了很多各具特色的学生社团，为丰富我们的校园生活作出了很多贡献。但在我校的社团中，还没有一个器乐方面的社团。在同学们中有不少吉他爱好者，我们经常相约共同讨论、切磋琴技，但苦于没有一个正式的组织，很多活动没法系统地开展。于是经过认真而周密地思考，在和几位志同道合的同学商议之后，我们决定一起成立一个"弦舞"吉他协会。

我们社团的宗旨是为服务会员、丰富我校学生业余文化生活而努力，配合校团委，共同建设我校积极、上进、和谐的社团文化，办出自己的特色，办出自己的水平，我们的口号是："在吉他弦上成就音乐梦想！"

我们的组织机构设置如下：指导老师两名，请高中部的音乐专业老师担任，为我社团提供指导；主席一人，负责社团的统一管理工作；副主席一名，负责日常活动的具体实施和会员的组织安排。下设吉他培训

部、外联部、财务部、活动组织部。我社人数计划本学期达到 10～30 人，下学期计划发展到 50 名会员。

　　虽然组织经验少，个人能力有限，但我相信，在我院团委的支持帮助下，在我们协会筹备人员不懈的努力下，我们的吉他协会一定会很快成立并发展起来，使社团活动体现我校学生活泼向上的积极风貌，使本社团活动成为我校的一大亮点，一道美丽的风景线。恳请团委领导，批准我们社团的申请！

　　此致
敬礼！

申请人：李林
2010 年 3 月 18 日

　　在校园生活中，很多时候都会用到申请书，除了上面的入团申请书、社团成立申请书，还有一些校园晚会、竞赛、外出等活动的申请，困难补助申请等等，都需要向学校相关领导、机构及老师提出申请，获得批准。而申请书也是现代社会生活中普遍用到的一种应用文体，所以写好用好申请书，对我们的校园生活乃至将来走向社会，都是十分有用的。

【动手小训练】

　　1. 以个人的名义拟写一份转学申请书，说清理由，向校教务处提出申请。

　　2. 某中学成立了"绿岸文学社"，你平时喜爱文学，经常作文练笔，且有几篇习作发表，想参加文学社，请向文学社写一份申请书。

　　3. 你的家庭条件比较困难，学校每个学期都有"阳光公益助学金"，试着拟写一份希望获得助学金的申请书，向学校教务处提出申请。

　　明思涛和张宇申请加入科研社的申请书写得怎么样了呢？这天他们都把在家写好的申请书带来了，准备放学后去交。几个要好的同学围上来，闹着叫他们把申请书拿出来看看，先看小宇的：

校科研社：

　　我是高一（一）班的张宇，对科研社的活动很有兴趣，很向往，平时也很喜欢这类研究学习，希望能批准我加入。

张　宇

　　"张宇啊，你看你这申请书，这么简单随意，要我是科研社的也不会收你！""怎么了，我把要求说得很清楚了呀！""你有什么长处，对科研社有什么了解，这些内容都没有人家凭啥收你啊，照你这样，科研社谁都可以进了！""日期都没写。""确实是写得不太好，张宇你再改改吧！"大家七嘴八舌地说开了。

　　"那我看看明思涛的，看他怎么写的！"张宇有些不服气地嘟囔着。大家打开了明思涛的申请书：

校科研社组织部：

　　你们好！科研社是我校的明星社团，刚刚又一次荣获"省级优秀社团"的光荣称号，从这里走出了很多优秀学子。因此，我认为加入贵社是我莫大的荣誉。

　　本人是高一（一）班的明思涛，从初中以来，我就对计算机及其应用产生了强烈的兴趣，自学了计算机基础、软件、编程、网页制作等知识，并小有成就。在全省中学生网页制作比赛中获二等奖，还在校刊上发表了两篇小论文。同时，我还把化学、生物课学到的知识和电脑结合起来，制

作了比较生动的课件,在老师组织的实践课上获得了大家的好评。

但是在学习的过程中,我深感自己在很多方面还有欠缺,很需要求教于老师和同学。科研社汇集了我校各学科的科学研究高手,有专门的指导老师;科研社的活动生动活泼,实践性很强,在这样的环境中学习锻炼,一定会得到很大的提高。我希望能加入科研社,成为其中的一员,成长为更具创新性的人才。加入之后,我愿意遵守科研社规章,履行组员应尽的义务,积极参加各项活动,多出成果,请科研社批准。

此致
敬礼!

申请人:明思涛

2012 年 6 月 20 日

看完明思涛的申请书后,几个同学都叫了起来:"这才像样嘛!""明思涛写得真不错!""小宇,你这下服气了吧?""服气服气,我再重新写一份。"张宇诚恳地说。

二　倡议书　建议书

倡议书

提倡环保已经是世界潮流,看到很多同事不爱护工厂环境和设施,随意浪费水电,没有环保意识,周晓君很想写一份倡议书张贴在工厂公告栏,让更多的同事意识到这些问题,并开始从身边的小事做起,培养环保意识,为我们地球的未来尽一份力。那倡议书应该怎么写呢? 周晓君为此查阅了很多资料。

周晓君

倡议书是集体、单位或个人就某一迫切需要解决或得到公众支持的问题,向有关方面或公众提出号召,以推动某项活动广泛开展时所写的日常实用文。

倡议书提出的应该是人们普遍关注、关心,利国利民的具有积极意义的事情,它的内容具有公开性,所以往往采用张贴、散发、广播、刊登、宣读等方式进行传播。

一、倡议书的格式

(一)标题

倡议书的标题位于第一行居中的位置,字号比正文略大。可以只写"倡议书"三个字,也可以根据倡议内容或对象拟写标题,如"献爱心活动倡议书"、"给全校同学的倡议书"等。标题要求简明、醒目。

(二)称谓

称谓就是倡议的对象,在标题下一行顶格写,后面加上冒号。

(三)正文

正文要求写清倡议的根据、原因、目的、做法及具体要求等。

正文开头写发起倡议的缘由,包括引发倡议的具体事件和社会环境等,并表明倡议的目的和作用。一般最后用"特提出如下倡议",后加冒号。

正文主体部分重点写出倡导的具体事项,如果事项较多,可以按序号分条列出。如果倡议统一的行动,还要交代联系人、行动地点和事

快速格式化——常见文体范例

件等。

（四）结尾

表达倡议者的决心、希望和信念，以激发倡议对象的共鸣，争取更多人的响应。

（五）落款

在结尾的右下方写出倡议者的姓名或单位名称，署名下方写行文日期。

倡议书写作需要注意的是，内容要有针对性，所倡导的内容应该典型，能引起共鸣。语言要有鼓动性，情感要真挚，才能让大家乐于响应这一倡议。

二、写倡议书要注意的问题

（一）有的人题目写的是倡议书，写的内容却是"建议"的内容，这样就混淆了两种文体，关于"建议书"我们下面就要讲到。

（二）内容重点偏离。有的倡议书对倡议的意义写得很充分，但倡议的具体做法却写得比较粗略，使人看了不知如何响应，削弱了"倡议"的感召力。

（三）语言生硬。倡议不是行政命令，有的倡议书内容写得不错，但语言比较生硬呆板，甚至带有强制色彩，容易引起人们的反感，完全达不到鼓动的效果。

【例文】

倡议书

充满爱心的广大市民们：

在我们共同生活的蓝天下，有这么一群可爱的孩子，他们有着天真的笑脸，明亮的眼睛，有着对外面世界的好奇和对未来生活的渴望。可是,由于家庭的贫困,他们的童年,没有丑小鸭和灰姑娘的童话,没有芭比娃娃和变形金刚,没有画画的铅笔……但是,他们和我们同在一片蓝天下!他们一样的努力,一样的好学,一样的懂事,一样的上进。由于缺少课外读物,他们只能学到课本中那点知识,不能像城里的孩子一样,可以尽情汲取知识的甘露。

阿基米德说过:"给我一个支点,我可以撬起整个地球。"您给孩子的一本书,也许会改变他(她)的一生!

在此,江海市志愿者协会向全体市民发出倡议:为乡村学校的孩子捐一本书!别让那些翻旧了的书籍、杂志化为废纸,那丢弃的也许是一个孩子的梦想;捐一本影响了你童年的故事书吧,对孩子们来说,那会打开未来之门!

爱心不是施舍,是一种神圣的责任!小时候,我们有多少尘封的故事书,名著;每年,我们有多少参考资料闲置着,现在,我们可以为这些书找到它们最佳的价值!让我们行动起来,献出自己的一片爱心吧!

江海市志愿者协会全体成员,向关心乡村学校教育的朋友致敬,代孩子们向大家表示感谢!孩子们也许记不住你的名字,但会感受到您温暖的心!

捐书范围:合适小学生读的课外书、杂志等
捐书时间:每天早上9点至下午7点
捐书地点:江海市教育局资料室
联系人:李明

江海市志愿者协会

2011 年 9 月 1 日

【动手小训练】

1.以校团委的名义向全校同学发出"开展晨练活动,增强同学体

质"的倡议书。

2.以所在班级的名义,为班上一位身患绝症的同学拟写一份倡议大家"关心帮助,捐款资助"的倡议书。

3.近年来,因为水土流失造成的水涝、旱灾、泥石流等灾害给人类生存带来极大的危害,请以个人的名义,写一份向全市中学生倡导植树活动的倡议书。

两天后,周晓君的倡议书写好了,贴在了工厂的公告栏里:

倡议书

亲爱的同事们:

环保意识和环境质量是衡量一个国家和民族文明程度的重要标志。爱护地球、维护生态、保护环境,倡导绿色文明,是一种新的时尚,是社会进步的体现,是每一个公民义不容辞的责任。看到我们的工厂里一些同事缺乏环境意识,不爱护环境,浪费水电,乱扔垃圾,我深感痛心。因此,我倡议:

一、传播绿色理念,追求绿色时尚。积极开展"营造和谐环境、创建绿色工厂"的活动,将环保理念普及、深化下去。

二、努力学习环保知识,切实贯彻环境教育计划,积极参与工厂内外环保宣传和环保实践活动。

三、从我做起,从现在做起,从身边小事做起,提倡绿色生活。

1.让绿色走进车间。车间内窗明几净,物品摆放整齐;主动清理地面和墙壁上的污垢;自己动手装点车间环境。

2.车间内不吃零食,不随地吐痰,不乱丢果皮纸屑及废弃物,主动捡拾别人丢在地上的垃圾;包干区卫生工作到位。

3.爱护工厂一切公共财物。不践踏草坪,爱护花草树木。不故意损坏门窗、水龙头、开关及其他公物。

4.净化语言环境,不说脏话、粗话,使用礼貌用语。

5.节约用水用电,爱惜每一粒粮食。

6.尊重别人的劳动成果,不从楼上倒脏水,乱扔杂物。

四、积极、认真搞好工厂以及居住社区、公共场所的绿化、美化、净化,清除或有效控制日常生活中产生的污染。

五、树立正确的环保价值观和环保道德风尚。明确环保责任,为社会、经济和环境的可持续发展积极贡献力量。

各位同事,行动起来吧——请善待你周围的点滴绿色!

让我们携手爱绿、护绿,播撒绿色的希望,共创"绿色工厂"! 相信有了你的参与,我们的家园一定更加美丽!

周晓君

2012 年 3 月 16 日

建议书

建议书是指个人、单位或集体针对某一情况或问题,向党政机关、社会团体、企事业单位或个人提出意见、建议的一种常用书信。有的建议书也称"意见书"。

我国古代就有许多提建议之类的文书,如李斯的《谏逐客书》、贾谊的《论积贮疏》等等。

建议书和倡议书有些类似,但二者的区别在于:

第一,接收的对象不同。倡议书面对的是某个群体或广大群众,它具有很强的群众性。而建议书是面对有关部门或上级领导甚至是个人,

它没有公开倡导的特点,而只是作为一种想法被提出来,具有较强的文本性特点。

第二,传播方式不同。倡议书具有公开性,常常采用张贴、散发、广播、登报等形式起到宣传鼓动的作用,而建议书没有公开性,只是表达自己的见解和意见,甚至可能是保密的,它的内容必须被有关部门、领导批准认可后才可能被实施。

建议书的格式

(一)标题

通常只写"建议书"三个字,有时为了突出建议的具体内容,可以在前面加上建议事项,如"校园管理建议书"。题目写在第一行的正中,字号要大些。

(二)称谓

在标题下方第二行顶格写建议书递交对方的称谓,后面加冒号。称谓一般用敬语,特别是下级对上级的建议书,如"尊敬的校长"等。

(三)正文

正文就是建议的内容,从称谓下一行空两格开始写。先写提出建议的理由,提出建议的目的和意义等;再写建议的具体内容,如果内容较多,可以分条写,这样内容条理清晰,使对方能够准确把握建议的实质。

(四)结尾

在建议的具体内容完成后,在结尾处表达自己的意见及建议被采纳的殷切希望,还可写上表示敬意或祝福的话。注意行文要委婉、得体。

(五)落款

在建议书的右下方署上提出建议的团体或个人的名字及成文日期。

【例文】

建议书

尊敬的校长：

　　您好！我是本校的一名学生，冒昧给您写这封建议书，请您在百忙中抽空看一看。

　　您是学校的校长，每天工作繁忙，为我们呕心沥血地工作，对学校注入了满腔热忱，使得学校井井有条。但是，您却忽略了四楼的重要场所——图书室。您知道吗？有多少双渴望读书的眼睛，透过窗户望着"可望而不可即"的书架。记得上次我们打扫图书室时，那里尘土飞扬，刚擦完一张桌子，抹布就黑了。难道这么一间为同学而修建的知识宝库，就甘心让它淹没在浑黄的尘埃中吗？许多在学校不应该发生的现象也纷纷出现：

　　1.许多同学由于不能分清图书的好处和坏处，盲目阅读了对成长有害的不良书刊。

　　2.课间做完作业后，因没事可做，疯疯打打造成了危险。

　　3.由于没有从小养成读书的习惯，许多人只是机械地接受老师教的知识，自己不在课外读书。

　　鉴于以上三点，我们诚心诚意地向您提出以下几点建议：

　　1.尽快开放读书室，购买健康的书刊，添置《十万个为什么》、《百科知识大全》等知识性读物，并且最好定期更新图书和报刊。

　　2.每周轮流由两位同学担任"图书管理员"，负责图书借阅和整理，防止损毁现象发生。

　　3.每学期期末开展"读书会"和"知识抢答"活动，使我们的知识得到巩固，并增强同学们的阅读兴趣。

以上建议,敬请您采纳,也希望因此能使我们的校园再添上一缕沁人心脾的书香气!

学生:×××

××××年×月×日

【例文】

绿化校园建议书

尊敬的徐校长:

近年来,由于环境污染问题日趋严重,空气污染及紫外线指数攀升,城市热岛效应、海平面上升,都为地球生态及人类居住环境敲响了警钟。有科学家警告,若不及时保护环境,电影《明日之后》所展现的冰河时期,可能会在不久的将来出现。因此,环保工作及环保教育亦逐渐受到社会各界人士的重视。为响应环保号召,今年学校拟订将环保教育作为重点发展项目。而为了更有效地推行环保教育,本会建议校方推行"绿化校园计划"。

推行"绿化校园计划",可达到以下效果:

1. 有效提高同学的环保意识:保护环境,让同学直接参与环保活动,更能有效培养学生的环保意识。绿化校园的工作,在长期的直接参与过程中,同学的环保意识自会逐渐提高。

2. 美化校园:包括在校内栽种植物,如学校的正门、操场、花圃、走廊以教室,皆栽种树木或盆栽,校园环境一定会变得更为优美。

3. 增加同学们对校园的归属感:推行绿化校园计划,同学有较多机会合作管理校园环境,既能营造团结合作的气氛,又能使同学们感受到自己是属于学校的一分子,增加同学对校园的归属感。而校园环境优美洁净,也能使同学更热爱校园。

有关"绿化校园计划"的具体内容,本会有以下建议,请您参考:

1.围绕校舍栽种树苗:学校可以购入树苗,然后围绕校舍栽种。校舍四周林荫处处,既能美化环境,又可阻隔部分由校外马路传来的噪音,而树荫更可成为同学们休憩的地方。学校可以举办"校园植树日",全校同学参与,共同进行校园绿化工作。

2.在正门、走廊及教室种植盆栽:学校可以购买盆栽,放置于学校正门及各楼层的走廊,绿化校园环境。正门的植物,可交由本会照料;各楼层的盆栽,则可交由旁边的班级打理。另外,每班可以自己购入盆栽,然后让同学在教室内管护,藉此提高环保意识,培养同学们的责任心。

3.在学校天台开辟花圃及鱼池:学校的天台鲜有师生使用,本会建议将天台开辟为花圃及鱼池,既可进一步绿化校园,美化环境,又可以增加校园活动空间,让同学在课余时间多一个可以休闲的地方。花圃与鱼池的管理工作,本会也愿意承担。

以上建议,期望校长能详加考虑,采纳推行。

此致

敬礼

×校环保协会

××××年×月×日

【动手小训练】

1.阅读魏征的《谏太宗十思疏》,比较它和我们今天的建议书有何异同。

2.针对学校食堂的现状,以个人名义拟写一份建议书给校后勤处的领导。

3.向校团委社团部写一份建议书,提出自己在社团建设方面的意见

和建议。

三 保证书 决心书 检讨书

实用情境

在我们的学校生活中,有时针对具体学习、生活、校园活动等希望达到的效果,需要用书面的形式来给师长以切实的保证和证明;有时我们不免会犯一些错误,比如违反了校规校纪,或是没有达到老师、家长的要求等等,这时候,以文书的形式来表明自己的态度,争取师长或校方的谅解,也成了一种必要。所以,保证书、决心书、检讨书这三类具有相似性的应用文,对我们是有一定实用价值的。

江海中学高一(三)班的林森因为上课说话、打闹影响了课堂纪律,下课后就被班主任方老师叫到办公室批评了一顿,并让他回去后写一份检讨书交给科任老师,合格了才能继续上课。那他的检讨书应该怎样写才能符合要求呢?

林 森

保证书

保证书有两种范畴,一种是司法范畴的保证书,如《住宅质量保证书》,另一种是日常生活范畴的保证书。我们这里要学习的是后者。

保证书是个人或组织为完成某项任务,响应有关号召,或是犯了错误保证改正而向组织或上级、师长所写的日常实用文书。

保证书具有契约性,它既然已写出并上交,就相当于是一种立誓,今后将成为完成某项任务或修正某一缺点、错误的约定,它需要写作者以此自我约束,自我激励,努力达到目的,以实际行动来保证。

保证书的格式

(一)标题

在首行正中写上"保证书"三字,字号略大一些。也可以在前面加上具体事项,如"诚信考试保证书"。

(二)称谓

在标题下一行顶格写上对对方的称谓,后加冒号。因为保证书一般是下对上,所以要用尊敬的语气,如"尊敬的校长"。

(三)正文

正文首先是写作保证书的缘由及有关情况,有了起因,才能引出接下来要保证的内容。然后写具体的保证事项,例如怎么做,达到什么目标,达到的程度和时间保证等等。总之内容要切实可行,措辞要明确简洁。

(四)结尾

表达实现目标的决心,最后可以写上表示尊敬的祝颂语。

(五)落款

在结尾右下方署上保证人的姓名,下行写成文日期。

【例文】

宿舍用电安全保证书

尊敬的校后勤处:

我们六位同学入住学生宿舍已经有半年的时间了,这是第一次正式上交寝室用电安全保障书。对于寝室安全用电问题我们一直都有明确

的认识,加上此次的严格整顿学习,我们对宿舍用电安全更加重视起来,因为这不仅是在提倡节约用电,也是为了避免事故发生,避免集体财产损失,更是对自己的生命安全、对他人的生命财产安全负责。

有不胜枚举的血的教训给我们警示,所以用电安全、积极防火的意识已经在我们的内心根深蒂固了。我们理解后勤处的相关规定,以后坚决杜绝违章用电,杜绝使用各种不符合标准的电器。在保障宿舍用电安全的前提下我们决定做到以下三点:

1. 树立安全用电意识,自觉做到安全用电,保障同学们的生命和财产安全。

2. 宿舍内不得违规用电,严禁使用电炉、电热杯、热得快、电熨斗、电火锅、电饭煲等未经学校批准使用的大功率电器,不私接电源和乱拉电线。

3. 切实做到人离关灯、关电源,各种用电设备(电脑、充电器等)使用完毕后及时关闭电源,不得长时间通电。

以上内容我们今后一定保证实行,请领导检查监督!

江海市一中 2 栋 302 寝室

2011 年 3 月 10

保证书

敬爱的吴老师:

感谢您对我的关心和教育。我上学期因为沉迷于网络,学习抓得不紧,导致期末考试有两门课程不及格。通过老师的教育帮助,特别是昨天听了心理专家关于戒除网瘾的讲座,我深受启发,认识到只有全身心地投入到学习中,才能把自己塑造成为有用人才,才能恢复自己原有的成绩,找回自己在学习上原有的自信。为此我向您保证:

1. 明确学习目的,端正学习态度,不再沉迷网络,增强学习的自觉性,改变过去被动学习的状况。

2. 上课认真听讲,做好笔记,做到不迟到、不早退。

3. 每半月把所学的内容做一次整理,明确重点难点,多做练习题,多向老师和同学请教。

4. 通过自己的努力,争取在这学期期末考试中将成绩恢复到班级前20名的水平。

我保证言行一致,请老师督促检查。

此致

敬礼

保证人:高二(一)班　　陈雷

2012 年 3 月 22 日

【动手小训练】

1. 以某高中"青年志愿队"的名义,向校团委写一份暑假期间参加社会实践活动的行动保证书。

2. 因为自己强烈要求课余时间学习声乐,以个人名义,向家长写一份表达自己能坚持学好并且不会因此影响学习的保证书。

决心书

决心书是个人或集体为响应某一号召,完成某项任务,开展某一工作而向上级或社会表明决心时所使用的一种专用书信。

决心书和保证书很相似,但保证书的使用范围更宽泛一些,而决心书更多是对完成任务方面下决心,较少用于改正错误。在表达主观意愿

方面,决心书的感情色彩更浓一些。

决心书具有公开性,它可以公开张贴、发表,由于它是向上级或组织表达的一种愿望,同时也希望组织、领导、上级、社会各界给予监督指导,所以它往往是公开的。

一、决心书的格式

(一)标题

在第一行正中以稍大的字号写上"决心书"三个字,或者由文种名和决心的事由共同构成,如"争取夺得团体第一的决心书"等。

(二)称谓

在标题下一行顶格写上决心书送达的组织机关、团体单位的名称或个人的姓名称呼,如"敬爱的×××老师",后加冒号。

如果决心书是面对广大群众,称呼也可以不写。

(三)正文

正文是决心书的主要组成部分。正文通常由事情的缘由,决心的内容两部分构成。

1.事情的缘由

正文开头从称呼下一行空两格处写起,要阐明为什么要写决心书,背景如何。要结合当前的社会大背景和发文人或单位的具体情况来写,要符合实际。

2.决心书的内容

决心书的内容一般分条列出,主要写决心达到的具体目标以及实现这些目标的具体措施。分条列出的决心内容要具体翔实。

(四)结尾

决心书的结尾可以再次表示决心,也可写些表示敬意的话,如"此致——敬礼"。也可根据情况不写,而正文写完后自行结束。

(五)落款

落款写在结尾的右下方,要署上写决心书的单位或个人的名称。如果是集体或单位所写还可以视情况加盖公章。在名称下一行写上成文日期。

二、决心书写作的注意事项

（一）决心书的写作要实事求是，内容要切实可行，具体实在，不说大话，哗众取宠，以便于今后执行。

（二）决心书要充满必胜的信心，措词用语不消极低沉，要在简洁明确的行文中让人感到决心人的精神风貌。

【例文】

决心书

绿色五中，鸟语花香，环境优美，求学殿堂；黔中名校，我们向往，文明学生，我们争创。值此"创建黔中名校，争做文明学生"活动开展之际，我们高中部全体学生在此表达以下决心：

决心做一个仪容端庄朴素的人，不染发，不烫发，不留怪发，不佩戴首饰，不穿高跟鞋，不穿奇装异服。

决心做一个语言文明礼貌的人，不说脏话，不抵触老师，不讽刺挖苦同学，使用文明礼貌用语。

决心做一个举止得体大方的人，不随地乱扔垃圾，不故意损坏公物；不在桌面上乱写乱画；不损坏花草树木；不迟到、不早退、不旷课；不在教室和楼道内打闹、喧哗；不和校外不良青年乱交朋友。

决心做一个心理健康、豁达的人，不以自我为中心，不用暴力解决同学之间的矛盾，宽厚待人，严于律己，遇事冷静，心胸宽广。

我们全体同学，将积极行动起来，从现在做起，从身边的小事做起，用文明谱写青春之歌，让青春与文明同行，携起手来共同创建和谐的校园，争做文明学生，我们将用"正人先正己，从我做起；成才先成人，以德

养身"的德育理念来规范自己,为创建黔中名校尽心尽力!

×校高中部全体同学

××××年×月×日

【动手小训练】

1.写一份代表入团的全体新团员在入团仪式上发言的决心书。

2.向老师写一份决心书,表明在新学期里决心做些什么。

检讨书

检讨书是犯错误的个人或组织向上级机关或领导、师长检讨错误并表示积极改正而撰写的日常应用文。

检讨书和前两种文体的主要区别就在于它只适用于犯了错误后的一种表态,它具有强烈的自我反省性,同时也兼有前两种文体的决心和保证性。

一、检讨书的格式

(一)标题

一般就在第一行正中写"检讨书"三个字,字号略大。也可写为"检查"或"检讨"两字。

(二)称谓

对对方的称呼,写在标题下一行顶格,用敬语,如"尊敬的学校团委",后加冒号。

(三)正文

正文一般要写出三个方面的内容:

1.概述所犯错误的事实及经过。这部分要实事求是,不隐瞒,不扩大。

2.写出对所犯错误的认识。要从思想根源上挖掘所犯错误的实质，既要深刻又不能故意夸大。

3.写明改正错误的保证和具体措施。如果内容多可以分条列出。

（四）结尾

进一步表达改正错误的决心和请求监督、检查等，可加上"此致——敬礼"作祝颂语。

（五）落款

在结尾的右下方署名"检讨人：×××"。下一行写成文日期。

二、检讨书写作的注意事项

检讨书内容要实事求是，所犯错误的事实和经过要如实反映；态度要诚恳，认识要深刻，这样才能使对方接受、认可你的检讨；改正的措施要充分具体，切实可行。

【例文】

检讨书

尊敬的张老师：

我由于在周三考试的时候传答案给别的同学，造成了作弊行为，当时监考老师对我进行了教育，但当时本人还未认识到这件事情的严重性，于是监考老师将此事告知了教务处。在学校老师的教育和同学们的帮助下，我终于意识到自己所犯错误的严重性。

首先，错误的性质是严重的。我在考试的时候把答案写在小纸条上，并且试图将其传给其他的同学，其结果损害了多方利益，在学校造成了极坏的影响。我的行为违背了做学生的原则，我只顾着同学的情谊，凭一时的冲动。我这么做，看似在帮助同学，实际上是在害他。所以，监考老师把这件事情告知学校，也是为了让我深刻地认识到这点。

其次，我考试作弊的行为也是一种对老师工作不尊敬的表现。中国自古就讲究尊师重道，这是一种传统的美德。不单单是老师，无论对任何人，我们都应该尊重他，尊重他的劳动成果。我这样做，直接造成了不尊重老师，不尊重他人劳动的恶劣影响。作为一名当代学生，这种表现显然不符合社会对我们的要求。

再次，我这种行为还在学校同学间造成了较坏的影响，破坏了学校的形象。同学之间本应该互相学习，互相促进，而我这种表现，给同学们带了一个坏头。虽然助人为乐是中华民族的优良传统美德，但在考试的时候将答案写在小纸条上，还传给其他同学，这并不是真的在帮别人，反而是在害自己和同学们。鲁迅先生说过：不友善的帮助就是恶意的伤害。其实考试的目的只是检验我们学得如何，而我却帮助他人欺骗了把知识无私的教给我们的老师。我今后保证不会再有类似的事情发生。如果在考试中别的同学不会，我会在考完后主动去教他，这样既可以帮助老师分忧，又可以使不会的同学掌握没有学会的知识，帮助老师给班里营造互帮互学的气氛。

我所犯的错误教训是深刻的，我真诚地接受批评，并愿意接受处理。恳请老师相信我能够吸取教训、改正错误，把今后的学业加倍努力完成好。同时也真诚地希望老师能继续关心和帮助我，并对我的问题酌情处理。

　　此致
敬礼

检讨人：学生×××

××××年×月×日

【动手小训练】

　　1.以个人名义,向班主任拟写一份关于旷课的检讨书。

　　2.向学校体育教研室写一份损坏篮球架的检讨书。

实用情境回眸

　　最后,我们来看一下因为上课说话、打闹影响了课堂纪律的林森完成的检讨书:

检讨书

敬爱的李老师:

　　今天,我怀着愧疚和懊悔的心情写下这份检讨书,以此向您表达我对上课讲话打闹这种不良行为的深刻认识,以及再也不违反课堂纪律的决心。

　　我对于这次犯的错误感到很惭愧,我真的不应该在课堂上说话,希望老师可以原谅我的错误。

　　对我的行为所造成的严重后果我做了深刻的反思:

　　1.对课堂气氛和教学秩序造成了很大的破坏,是一种很不尊重老师的行为,如今错已铸成,我深感懊悔,深刻检讨了自己的错误。

　　2.在同学中间造成了不良的影响,由于我在上课的时候讲闲话、打闹,严重影响了班级纪律,让其他同学都没能好好听课,这实际上也是对别的同学的不负责。

　　3.如果当时我就认识到此事的严重性,错误就不可能发生。所有的问题都归咎于我的自我约束能力较差,还未能达到一个现代中学生应具有的水平。我一定会在今后更严格地要求自己,认真听讲,认真完成作业,使自己的言行都符合一个现代中学生的标准。

　　望老师能念在我认识深刻而且平时表现也不错的份上,从轻处理。

请关心爱护我的老师、同学继续监督,帮助我改正错误,取得更大的进步。请老师相信我!

    此致
敬礼

检讨人:学生林森

2012 年 5 月 7 日

第二章

广而告之

——通晓告启类

一 通知

这段时间,由于海风小区已进入装修阶段,进出小区人员日益增多,小区物业管理处为加强对小区人员进出的管理,确保小区安全,决定为小区住户办理业主卡,住户须凭业主卡进出小区。张军是海风小区物业管理处的一名工作人员,领导安排他来写一份通知,告知业主及时到物业管理处办理业主卡。为此,张军认真了解了通知的写法。

张 军

通知是一种怎样的文体呢?它是行政公文的一种,在公文中使用最为广泛,使用频率最高,上至方针政策,下至具体事务都可发通知。正规的行政公文是具有权威性的,因此它对格式有着严格的要

快速格式化——常见文体范例

求。通知这样的应用文是属于下行文体,一般只用于上级对下级进行工作指示和安排。在校园生活中,它当然也是我们经常要用到的。"通知"可以分为公用规范通知和简易通知,有书面通知和口头通知。我们在此介绍的是简单的书面通知。平时我们在学校公告栏里张贴的通知实际上是最简单的书面通知。如果是上级下发的通知文件,那格式就相对严格一些。比如由学校行政部门下发到班级的通知,格式就必须相对严格。

下面我们就简单介绍两种学校中常见的通知类型。

一、简要的正式通知写作要点

（一）标题写在正中间。标题的格式可以简单写成"通知"、"紧急通知""重要通知",或者用"关于……的通知"这个固定句式,中间填上高度概括的事件内容。

（二）通知对象的名称在标题下方顶格书写,后面加冒号。

（三）另起一行空两格写正文。正式通知的正文内容比较详细,除了需要明确活动内容、活动对象、活动时间和地点之外,对活动的具体安排也要做出具体说明。

（四）落款:在正文右下方写发通知的单位和时间。单位名称在上行,日期在下行。一般正式通知需要加盖单位公章。

【例文】

实验中学关于组织 2012 年元旦文艺汇演的通知

各班班主任:

为迎接新年的到来,展现青少年的蓬勃朝气,增添学校的文化氛围,促进学生素质教育全面发展,经校长办公室、教导处、团总支研究决定,将发动全校师生力量,组织"2012 年实验中学元旦文艺汇演"活动。具体活动安排如下:

1.各班需积极准备汇演节目,各班班主任负责组织监督班级节目的准备工作。

2.各班需准备三个节目,歌曲、相声、小品、乐器、舞蹈、朗诵等,形式不拘,但避免单一形式。节目内容须体现青春活力,积极向上,保证质量。

3.各班在11月20日之前将节目单及表演学生名单上报团总支,学校将在12月15日下午进行节目审核。

此次活动是我校建立以来组织的一次大型师生互动活动,希望各班认真对待,积极参与,班主任做好活动的宣传组织工作。活动将作为各班文明班级考核的依据之一。

实验中学

校长室教导处团总支(盖章)

2011 年 11 月 1 日

二、简要的非正式通知写作要点

(一)标题一般只用"通知"或"紧急通知"等简要表述。

(二)正文内容中明确了通知对象,那么开头的称呼就可以省略。

(三)内容简洁精练,把事务要点说清即可。

(四)不需加盖公章。

【例文】

通　知

今天下午第三、四节课将在学校篮球场举行高二年级广播操比赛。请各班班主任及同学和评委老师在第二节课下课后迅速到篮球场集合,

做好赛前准备工作。

体育教研组

2010 年 5 月 13 日

【动手小训练】

1. 班级要召开一次"五四青年节"主题班会,以班委会的名义写一则通知。

2. 学校学生会决定在星期六下午 3 点组织各班班委及团员参加一次公益活动,请代学生会拟写一个通知给各班班委及团支部。

实用情境回眸

几天后,张军写好了通知,领导和同事认为还不错,张军就将通知贴在了小区公告栏里:

小区关于办理业主卡的通知

尊敬的住户:

你们好! 现在本小区已进入装修阶段,进出小区的人员日益增多。管理处为加强对小区人员进出管理,确保小区的安全和谐,须为小区住户办理业主卡,住户须凭业主卡进出小区。请业主速到管理处办理,谢谢合作!

办理业主卡需带资料:

一、业主及家人:

1 寸照片 2 张,身份证复印件 1 张。

二、租住户:

租房合同复印件;身份证复印件1份;1寸照片2张。

海风小区物业管理处

2012年8月21日

二 启事

启事是指单位、团体或个人面向公众说明某件事实或希望协作的一种文告,它通常张贴在公共场所或者通过广播、报刊等媒体发布。

需要注意的是,有的人容易把"启事"和"启示"这两个同音词弄混。"启示"仅仅是一个词,不是一种文体,是指启发指示,开导思考,使人有所领悟。所以把"征文启事"写成"征文启示"是错的。

启事按内容可分为:招生启事、寻人启事、寻物启事、招聘启事、遗失启事、征婚启事等。它具有公开性、广泛性、实用性、随意性的特点。

启事的格式

(一)标题

在第一行正中写明启事的名称,这主要由启事的内容决定,如内容是征文,则名称写明"征文启事"。也有的把发布启事的机构名称加在前边,如"校新闻社招聘启事"。名称字体应略大于正文字号。

(二)正文

在标题下一行空两格写启事的具体内容,即要向大家说明的情况。这部分要求内容具体。

寻人、寻物启事要写明所失人、物的特征,丢失过程,以及自己的联系方法。如有酬谢的可以写明,也可只写表示感谢的心情和话语。

招领启事要写清在何时、何处拾到何物。说明自己的联系方法,要求失主在何时、何地、以何种方式前来认领。为防冒领,对失物情况不能作具体描述,尤其是可以确定失主身份的失物特征、数目等。

招聘启事要简单介绍招聘方的情况,详细说明应聘所需的条件,招

聘人数,应聘方法等。

征文启事要说明征文意图、宗旨、征文对象。重点是征文要求,包括文章体裁、内容、篇幅的规定,以及征文的具体方式、期限。如果是比赛性质的,还要公布奖项、奖品等相关内容。

(三)落款

在正文右下方写上发布启事方的名称,如果是单位要加盖公章,在名字下一行署上成文日期。

【例文】

寻物启事

本人于 9 月 3 日下午将一个帆布双肩书包遗忘在足球场西球门边,内有新发语文、数学、化学课本各一本,学生证一个,有拾到者请与本人联系,十分感谢! 联系方式:电话×××。

高一(二)班 赵刚
2012 年 9 月 4 日

招领启事

本人昨天上午在 3 号教学楼 402 教室捡到钱包一个,内有人民币、公交卡、借书证等物,请失主速于本周内携带身份证到 1 号宿舍楼 221 室认领。

高三(四)班 王华
2012 年 5 月 6 日

《晨曦》校刊招聘启事

　　《晨曦》是我校学生自己创办,面向全体同学的综合性刊物。它栏目众多,内容丰富,以为同学们开辟创作园地、做同学们的知心朋友为己任。为把校刊办得更好,更有特色,更受大家的欢迎,现我刊面向全校同学公开招聘下列人员:

　　一、文字编辑4人。凡在校级以上刊物上发表过文章,或有作文在市级以上比赛获过奖,且文字功底比较深厚的同学可以报名应聘,有报刊编辑经验者优先。

　　二、美术编辑2人。有美术作品在校级及以上刊物发表或获奖者可以报名应聘,简笔画、美术字优秀者优先。

　　三、小记者6人。有作文在校级及以上刊物发表或获奖者可以报名,有记者经历或采访经验者优先。

　　四、通讯员每班1人。语文科成绩突出,爱好文学,能坚持为校刊写稿者可以报名,有组织才能者优先。

　　以上应聘者请将个人的基本情况(姓名、性别、年龄、班级、爱好特长、发表作品或获奖情况、联系方式)写清与申请书一同投校刊信箱,截止日期为2011年9月25日。

　　经考核合格者,聘为校刊相应工作人员,颁发聘书。

《晨曦》编辑部

2011年9月5日

"书香校园"读书征文启事

　　一本读过的好书,一段感人至深的文字,一些关于书的美好回

忆……阅读,给你带来了怎样的感悟和收获?由江海晚报副刊部和白云区教育文体局联合举办的"书香校园"读书征文活动现已开始,赶快让我们一起来分享你独特的阅读体验吧!

征文目的:深入实施我市教育系统"读书计划推进行动",引导广大学生"多读书、读好书、好读书",不断更新观念,拓宽视野,积淀内涵,提升学科素养、人文素养。

征文对象:白云区中小学学生。

征文内容:以本次读书活动推荐的书目作为阅读的主要范围,征文可以写自身的阅读经历,也可以写旁人的阅读故事;可以写爱书人的轶闻,也可以写读书人的趣事。书评、随笔、读后感、赏析文均可。内容要求思想健康、观点新颖、文笔优美、语言犀利、生动活泼。学生阅读书目可由学校或教师组织推荐。

征文时间:即日起至 2008 年 9 月。

征文要求:1. 小学文章在 500 字左右,中学文章在 800 字左右,必须是原创作品。2. 文章一律以电子邮件形式发送至×××@163.com,邮件中注明学校、班级、姓名、联系电话、文章题目。

征文奖励:每周选用两篇优秀作品(中小学作品各一篇)在本报刊发,活动结束后将从投稿的作品中评选出一、二、三等奖及优秀奖若干名,颁发荣誉证书并给予一定的奖励。

江海晚报副刊部

白云区教育文体局

2008 年 1 月

【动手小训练】

1. 假设自己丢失或拾到了一件东西,写一则寻物启事和招领启事。

2. 以学校书法协会的名义,写一则"书法入门班"招生启事。

3. 面向学生,以校后勤部的名义写一则招聘课余勤工俭学小时工的招聘启事。

三　海报

　　林跃是一家软件公司篮球队的队长,也是本届兄弟公司篮球联赛的积极响应者。本周六,林跃的球队和腾达电讯公司球队有一场重要的篮球比赛。为了吸引更多的同事加入拉拉队,让比赛火热起来,林跃决定和队员们好好商量一下,制作一幅有特色的海报。

林　跃

　　海报是指向公众通告或介绍有关电影、戏剧、体育比赛、文艺演出、报告会等消息的招贴,有的还加以美术设计。它是户外广告的一种,具有在放映或演出场所、街头广泛张贴的特性。加以美术设计的海报,又是电影、戏剧、体育宣传画的一种。

　　"海报"一词源于上海。在当时,人们把职业性的戏剧表演界称为"海",从事职业表演就称为"下海",因此作为戏剧演出信息的张贴物就被叫做海报。在今天,海报的适用范围已经扩大了很多。

　　海报中通常要写清楚活动的性质,活动的主办单位、时间、地点等内容。海报的语言要求简明扼要,形式要做到新颖美观。从内容看,海报可分为影视海报、文艺晚会及体育比赛类海报、学术报告类海报。

一、海报的特点

（一）广告宣传性

海报是广告的一种，鼓动性强，发布海报就是希望社会各界参与。有的海报加以美术的设计，以吸引更多人加入活动。海报可以在媒体上刊登、播放，但大部分是张贴于人们易于见到的地方，具有浓厚的广告色彩。

（二）商业性

海报是为某项活动作的前期广告和宣传，其目的是让人们参与其中。演出类海报占海报中的大部分，而演出类广告又往往着眼于商业性目的。当然，学术报告类的海报一般不具有商业性。

二、海报的格式

（一）标题

海报的标题位于第一行居中位置，字号略大。可以直接用"海报"作标题，也可以直接以活动内容或描述性文字作标题，如"影讯"、"球讯"、"迎新晚会""学术讲座"等。

（二）正文

从标题的下一行空两格开始写，主要包括以下内容：

第一，活动的目的和意义。

第二，活动的主要项目、时间、地点等。

第三，参加的具体方法及一些必要的注意事项等。

（三）落款

在正文右下方署上主办单位的名称及海报的发文日期。

以上的格式是就海报的整体而讲的，实际的使用中，有些内容可以少写或省略。

三、海报写作的注意事项

（一）海报设计贵在创新，文字表述和美术设计方面都要醒目，才能起到吸引眼球、宣传鼓动的效果。

（二）内容必须真实，不可为了吸引观众而夸大失实。

（三）海报文字要简洁明了，篇幅要短小精悍。

【例文】

"青 春 诗 会"
海　报

这是诗歌的擂台

这是青春的精彩

这是激情的盛会

这是热情的澎湃

文 采　口 才　素 质

浪 漫　激 情　比 拼

时间：2004 年 12 月 9 日下午 2 点

地点：多功能厅

欢 迎 参 加

蓝天小区居委会

2011 年 12 月 8 日

海　报

为丰富校园文化生活，增加同学们的社会实践经验，校学生会生活部特为大家举办一次"跳蚤市场"活动。

在这次"跳蚤市场"活动中，同学们既可以充当消费者的角色，又可

快速格式化——常见文体范例

以充当销售者的角色;既可以流通自己闲置的物品,又可以锻炼自己的交流能力。如果现在的你已经心动,就赶快加入我们的行列,相信你在这次活动中定会有所收获!

　　时间:×月×日下午4点

　　地点:学校小广场

××校学生会生活部

×年×月×日

【动手小训练】

　　1.学校邀请市公安局法制科的工作人员来本校举行法制教育报告会,请自行拟定时间地点,以校团委名义写一则宣传海报。

　　2.中央电视台"心连心"艺术团赴某革命老区慰问演出,明星新秀同台献艺,节目内容丰富多彩。请你为此拟写一则海报。时间、地点、署名自拟。

实用情境回眸

　　林跃的海报终于出炉了,在同事们的共同努力下,他们设计了一张以NBA明星扣篮动作剪影为背景的颇具视觉冲击力的海报,上面的文字是这样的:

球　讯

激情对抗　　生死决战

能否出线　　在此一搏

　　本周六下午3点,我公司篮球队与腾达电迅公司篮球队将举行一场比赛,这是本届联赛我公司能否进入前三甲的关键赛事,比赛精彩,欢迎同事们踊跃观战,为我们呐喊助威!

地点:市××篮球馆

××软件有限公司篮球队

2011 年 4 月 7 日

第三章

酒香也怕巷子深

——宣传报道类

一 消息

实用情境

陈达

    ××市林业局要在半个月后举办职工运动会，想到运动场上热火朝天的场面，局宣传科的陈达有些激动。不过他现在最担心的是运动会现场新闻报道的事。运动会期间特别需要新闻稿件，以展示同事们的精神面貌和竞技表现。可是宣传科的人员较少，写出的稿子数量不够，内容单薄，这个问题怎么解决呢？想来想去，陈达想到他的一位老同学正好是晚报社的记者，请他来讲宣传怎么做是最合适的了。

    几天后，晚报社的陆记者应邀来到了林业局。陆记者结合自己的工作实践，一番生动具体的讲座下来,激起了宣传科的同事们对新闻宣传的浓厚兴趣。大家纷纷试着采写新闻,准备在运动会时大显身手。

消息也称为新闻,这里的新闻有广义和狭义之分。广义的新闻包括消息、通讯、特写等各类新闻文体,狭义的新闻就专指消息。消息就是对新近发生的有社会意义并能引起公众关注的事实的简短报道,这种文体在新闻中数量最多,使用最为频繁。

一、消息的特点

(一)内容真实,事实准确。

(二)内容新鲜,有报道价值。

(三)报道要迅速及时,有时效性。

(四)简明扼要,篇幅短小。

要写出好的学校新闻,首先就要善于捕捉蕴藏在学校及校园生活中丰富而有意义的新闻题材。平时要留心积累材料,及时将新的分析思考写进"新闻手记"。同时材料的来源离不开采访,采访是一门科学,也是一种独特的艺术。作为一个校园新闻记者,采访要想顺利进行并获得效果,就要学会拟写采访提纲,找准采访对象,注意采访方式。

消息写作时应该交代清楚一些最基本的要点,这些要点就构成了人们所说的"新闻五要素",西方也称为"五个W",即:When(何时)、Where(何地)、Who(何人)、What(何事)、Why(何故)。有的新闻学上补充了一个要素:How(如何)。实际写作中有的要素可以省略,但最主要的What(何事)、Where(何地)、Who(何人)三要素是必须具备的。

二、消息的写作格式

消息的整体结构包括:标题、导语、主体、背景和结尾几个部分。由于消息的写作格式性非常强,所以要严格按照固定的格式要求来完成。

(一)标题

标题是消息的眼睛,是一则消息能否吸引读者的关键,所以必须既

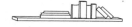

能简明、准确地概括消息的内容,又能先声夺人,如:《地球三分钟净增五百人》(新华社 1996 年 7 月 13 日电讯稿)。

消息的标题分别起着不同的作用:

正题:概括与说明主要事实和思想内容。

引题:揭示消息的思想意义或交代背景,说明原因,烘托气氛。

副题:对正题起着补充、解释的作用。

其中正题是一则消息最主要的内容,所以一般用放大的字号和较粗的字体加以突出。

标题的三种格式:

1. 单行标题。就是只使用正题,直接点出报道的核心内容,主体事件,如《17 岁华裔女生获美国西屋科学头奖》。

2. 双行标题。有引题 + 正题,或正题 + 副题两种方式。

如:

榜上无名脚下有路　　　　　　　　　　（引题）

青工董云峰业余发明获两项专利　　　（正题）

工会热心肠　人走茶不凉　　　　　　（正题）

锦屏化工厂安排好退休工人的晚年生活　（副题）

3. 三行标题。由引题、正题、副题三行构成。

如:

知否? 知否? 应是贱"肥"贵"瘦"　　　　（引题）

爱吃瘦肉者,请您多付钱　　　　　　　（正题）

本省十几个县市调整猪肉各品种之间的差价　（副题）

（二）导语

导语是指一篇消息的第一自然段或第一句话。它是用简明生动的文字，概括出消息中最主要、最新鲜的事实，起到统领全文的作用。

导语的要求，一是要抓住事情的核心，二是要能吸引读者看下去。这里介绍一下常用的三种导语形式：

1. 叙述式。用摘录或综合的方法，把消息中最新鲜、最主要的事实简明扼要地写出来。如：

今天，7 名外来务工人员在大陈镇第十三届人大代表选举中当选。

2. 描写式。对消息的主要事实或某一有意义的侧面作简洁朴素而又有特色的描写，以渲染气氛，引起读者的兴趣。如：

一二三！一二三！随着阵阵口号声，路边一辆白色捷达车被众人抬起，救出了车下躺着的一位头部满是血迹的男子。随后，这中年男子又被迅速抬上救护车。这是 5 日 8 时许，发生在长春市卫星广场东侧卫星路上的一幕。

3. 提问式。采用提问的方式把所要报道的事实引出来，再作简要的回答，引起读者的关注和思考。如：

你见过四千多人共同用手语演绎歌曲《爱的奉献》吗？本周日，在北京理工大学珠海学院的操场上我们共同见证了这一吉尼斯世界纪录的诞生。

另外还有摘要式、评论式、对比式等导语形式这里就不一一讲解。

（三）主体

这是消息的主干部分，它紧接导语之后，对导语中提出的问题或报

快速格式化——常见文体范例

道的事件进行具体详细的阐述。主体部分的关键是注意结构顺序。

常用的消息结构称为"倒金字塔式"结构,这是一种以新闻事实的重要性递减为顺序安排材料的结构方式。它把新闻中最重要、读者最迫切想知道的信息放在最前面,然后按新闻事实由主到次的顺序依次安排材料。

"金字塔式"结构则正好相反,把主要的事实放在最后,前面设置某种悬念,让读者必须读完,才能弄清事情的全貌。这种结构适用于故事性比较强的新闻。

(四)背景

新闻背景,是指与所报道的新闻人物或事件相关的历史背景和环境条件等。交代背景,目的在于帮助读者深刻理解新闻的内容和价值,起到衬托、深化主题的作用。

背景的类型,常见的有三种:对比性的,说明性的,注释性的。它的位置非常灵活,可以穿插在消息的任何一个部分中。如不需要也可不加背景材料。

(五)结尾

结尾是消息报道的结束语,一般是新闻稿中的最后一句话或一段话,其作用在于深化主题,发人深思。形式有结论式、启发式、号召式、展望式等。"倒金字塔式"结构的消息没有专门的结尾。

【例文】

机电工程学院弘扬雷锋精神,创造洁净校园环境

2011 年 3 月 5 日是我国第 48 个"学习雷锋纪念日",机电工程学院积极响应学校号召,于 3 月 5 日上午在本校开展了以"构建和谐校园,弘扬雷锋精神"为主题的学雷锋活动。

本次活动的主要内容是对本校内的道路、通道以及花草树木下的垃

圾进行清扫。参与团队由机电工程学院大一各班代表共50名志愿者组成,在活动过程中,志愿者们不怕苦不怕脏,充分体现了当代大学生的精神风貌,同时也为构建和谐校园贡献了一份力量。

学雷锋活动,我们不仅限于3月5日这一天,在以后的日子里,我们将持之以恒地开展类似的活动,不断倡导、弘扬"奉献、友爱、互助、进步"的志愿精神,让雷锋精神得以代代传递。

南澳中学举行远足拉练活动

为了培养学生吃苦耐劳的思想品质,提高他们的身体素质,南澳中学于日前在初一年级举行了以"雏鹰在行动"(南澳—鹅公—南澳)为主题的远足拉练活动,往返路程为25公里。该校校长任活动总指挥,其他负责人担任前后方指挥,各中队由专人负责。另外,学校为保证活动的安全有序及丰富多彩,还成立了宣传、收容、救护、道口安全、营地安排、随队摄影等专门小组。同学们在拉练行军中打出"我能行"的口号。通过野营拉练,磨炼意志,提高了广大同学的自理、自立、自护、自强的能力,也增进了师生感情,并培养了同学之间的团结互助精神。

【动手小训练】

1. 从报纸上选取一篇新闻,分析其具体内容,并指出标题、导语、主体、背景和结尾在文中的使用情况。

2. 针对校园中的某种现象进行采访,然后根据采访结果写一篇500字左右的消息。

实用情境回眸

运动会开幕了,林业局的宣传科的骨干们带着这段时间学到的新闻

写作知识,写出了很多好报道,下面就是他们的一篇消息:

张明飞刷新我局 7 年跳高纪录

又是一场欢呼,10 月 13 日上午,我局行政处张明飞在男子组跳高比赛中以 1.83 米的优异成绩打破了尘封 7 年的 1.81 米的原纪录。

张明飞连续五年每年都参加运动会,除去年发挥失常外,其余每届都是跳高比赛的冠军。但是往年他都没能打破前辈创下的纪录。对此,他说:"那一直是我的目标。"

在前面的预赛中,他都比较轻松,一脸从容淡定的样子。到了最后的决赛,在他挑战纪录的时候,他往后退,拉长了助跑的距离。助跑前,他站在那里看着标杆,若有所思。第一跳,由于他的脚没有收缩好,碰到了标杆,标杆掉下来了。第二跳,是他又拉长了助跑的距离,在助跑点注视标杆很久,似乎在和标杆对话。他

张明飞跳高

跑过去了,脚收缩得很好,没有再碰到标杆;腰部发力到位,可是他的手却又碰到了标杆。还剩最后一次机会,要是还没有过,破纪录的目标就只能等到明年了。第三跳开始了,他缓缓走到起跑点,一直往后退,退了很长一段距离后,他站定。做好起跑的姿势后又起身放松一下,再俯身,他凝视着标杆,看了许久。终于,他冲过去了,在起跑点一跃,过了——以完美的姿势!

在事后看视频时发现,这一跳超过了 1.83 米的标杆好多,于是他给自己定下了明年冲刺 1.9 米的目标。

二 通讯

除了迅速快捷的消息报道,在这次运动会上,林业局其他部门的同事也写出了好几篇精彩的通讯报道。虽然相比消息的写作,通讯花的功夫更多,但同事们感到这样的报道形式更全面、深入,可以说与消息是互为补充,相得益彰,这激发了他们写稿的兴趣。

通讯,是运用叙述、描写、抒情、议论等多种表达方式,具体、生动、形象地反映新闻事件或典型人物的一种新闻报道形式。它和消息一样,要求真实、准确地报道生活中有意义的人和事,但报道的内容比消息更具体、更系统,篇幅较长。

049

一、通讯的特点

(一)生动性。借助文学手段,可以采用各种修辞技巧,使报道的新闻事实给人以立体感、现场感。

(二)完整性。在时效性上要求不高,所以可以进行丰富全面的材料搜集,能够相对完整、具体地报道人物或事件的过程。

(三)评论性。可以运用夹叙夹议的方法对人或事作出直接的评论,可以表露自己的情感倾向,而消息报道则一般不允许。

二、通讯的类别

通讯的类别有人物通讯、事件通讯、概貌通讯、新闻小故事等。人物通讯要求选取典型材料,突出人物的行动和思想,生动地表现人物的个性;事件通讯要求选取具有新闻性和典型性的事件,精心提炼主题;概貌

快速格式化——常见文体范例

通讯重在反映社会变化、建设成就、地方风土人情等;新闻小故事篇幅相对短小,以一人一事为主,特点是以小见大,故事性较强。

三、通讯的一般格式

通讯不像消息那样有严格的格式要求,一般由四个部分组成:

(一)标题

通讯的标题和消息有所不同,一般采用两种形式:

1. 单行式,如:

总理为农民追工钱

农家书屋惠民生

2. 正副标题形式,副题前一般加破折号。如:

赤子情怀

——记深圳市义工联艺术团团长丛飞

影响深远的历史瞬间

——香港政权交接仪式现场纪实

(二)开头

通讯的开头比较灵活自由,与一般记叙文的写法相似,可以采用顺序、倒叙、悬念、抒情、议论等多种形式。

(三)正文

通讯的正文是对报道对象全面、深入、完整的反映,一般采用以下的结构方式:

1. 纵式结构

就是按时间的先后,或事件发展的逻辑顺序(如递进、因果)来安排层次。

2. 横式结构

就是按空间位置的变换,或事物性质的不同方面来安排层次,各层次之间是并列关系。

3. 纵横交错式结构

即将纵式与横式两种结构方式结合起来,一般用于篇幅较长,事件复杂、时空跨度大的通讯。如《为了六十一个阶级弟兄》这篇通讯就是这种结构的典范。

(四)结尾

通讯的结尾可以按事件发展的顺序自然收尾,也可在最后对报道的主题进行总结,发表议论,揭示出人物或事件的典型意义。

【例文】(新闻小故事)

温馨留蓝天　爱心在人间
——陈太菊家人向西南航空公司致谢

3 月 22 日下午,因丢失一年血汗钱受到西航乘务员帮助的打工妹陈太菊的两位姐姐陈太凤和陈太翠,从广汉市专程赶到成都双流机场,亲手将书有"温馨留蓝天,爱心在人间"的一面锦旗赠送给西航总经理王如岑,以表达全家人的诚挚谢意。

去年 12 月 30 日,在广东中山一童装厂打工一年的陈太菊从珠海机场乘机到成都,过安检时忙乱中不慎将 12900 元血汗钱丢失了。当她痛不欲生之际,西航乘务员带头为其捐款,从而感动了全机 123 位旅客,他们纷纷对其解囊相助。当晚 23 点过,同机旅客古和强、张其君夫妇在回家整理行李时意外发现了陈太菊的钱盒,于是连夜驱车冒着浓雾赶到双流机场,将钱盒交给西航乘务部值班领导。元月 1 日,西航派人到广汉寻找到陈太菊后及时归还了钱盒。陈太菊得到失款后,感动不已,当场

将在飞机上所得的 6000 元捐款委托给西航的同志,请他们转捐给"希望工程"。四川省青少年发展基金会接到这笔捐款后,打破常规,速将该款划拨给朱德同志的故乡仪陇县,从而使 15 名失学儿童得助重返校园。"这一串串动人的真实故事,就像是导演编的,简直令人不敢相信,然而它却实实在在发生在我们自家人的身上。"陈太凤噙着泪水,满怀感慨地握着王如岑的手说:"你们培养了这么好的乘务员,我们全家人永远都会感激。"作为全国人大代表,3 天前才从北京开完人大会议归来的王如岑托着锦旗说:"推进社会主义精神文明建设,是我们共同的责任,刚召开的全国人大会议把它放在了很重要的位置。陈太菊把款转捐给'希望工程'的举动,做得很好,它对我们继续抓好安全服务工作,也是一种激励。"

据悉,陈太菊已于 3 月 13 日重返广东求职打工去了。

【动手小训练】

1. 选择校园内外一位值得报道的普通人或模范人物,写一篇人物通讯。

2. 采访学校生活中新近出现的社团或大型活动,写一篇事件通讯。

实用情境回眸

下面我们来看看林业局陈达的其他同事在运动会期间完成的一篇通讯,对其不足之处,大家可以修正补充:

××市林业局秋季运动会纪实

在这秋高气爽的九月里,我们迎着秋日的阳光,伴随着收获的季节,迎来了盛大精彩的全局员工运动会。

一大早,全局员工就来到了运动场。他们有的安排场地,有的整理服装,有的安放运动器材,忙得不亦乐乎,原本寂静的赛场一下子热闹起来。

运动会正式开始后,各部门队伍依次入场。此时,《运动员进行曲》骤然响起,各部门排着整齐的队形,大踏步向主席台走来。他们个个面带笑容,昂首阔步,展示出了良好的精神面貌。

当大会宣布比赛正式开始,整个赛场顿时沸腾起来,加油助威声此起彼伏。你看那径赛场上的运动员,一个个动如脱兔般飞离起点,像利箭般冲向终点,引得在场的观众兴奋不已。不论选手是否获得第一,他们都会赢得观众的喝彩和鼓励。因为在观众的心中,这些运动员都发扬了不屈不挠、顽强拼搏的体育精神。女子800米和男子1500米是考验选手体力和毅力的项目。它虽然不如短跑那样让人兴奋、令人激动,但是绝对比短跑更加让人感动。在比赛中,选手要面临的不仅是身体上的考验,更是心理上的考验。参加这个项目的运动员真正体现了努力拼搏、永不服输的运动精神。

再看那田赛场上的运动员,也个个摩拳擦掌,毫不示弱。跳高跳远的运动员为了得到更好的成绩,拼尽全力。他们面对目标跨出坚定的步伐,跳了一次又一次。这种不断超越自我的精神是个人的巨大财富,更是将来能够获得发展的稳固基石。参加铅球比赛的选手互相竞争,成绩越来越好。他们手中的铅球仿佛变成了一个个充满希望的许愿球,不断追逐着自己的梦想。

运动会展示了我们的风采,是考验体能与心理的具体实践。它锻炼的是体力,激活的是生命,弘扬的是个性和活力,收获的是笑脸和精神风貌。所有选手在本届运动会上赛出了成绩,赛出了风格,在比赛中绽放出了光彩,更在比赛中创造了更多的美好和辉煌。

三　标语口号

实用情境

　　说到运动会，总能让人想起那激动喧闹的赛场，此起彼伏的加油声，而这热烈气氛的营造，离不开赛场周围拉起的那一条条标语横幅，观众们口中的一声声呐喊口号。每到运动会来临的时候，各部门总是献计献策，创意频出，力争让自己的标语口号能在气势上压过别人，最大限度地给运动员们加油鼓劲。这次的运动会也不例外，大家早早地就开始了策划准备。

　　标语口号是为了达到一定的宣传目的而拟订的具有强烈鼓动作用的简短语句，书写粘贴在建筑物、横幅上的称为标语，群众集会或游行时呼喊的称为口号。标语口号既有公文语体准确、简洁的特点，又有政论语体严谨性、鼓动性的特点，既能在理智上启发人们，又能在情感上打动人们，肩负着"社教"的使命，在影响社会舆论和文化传播中，对人们的社会行为起着不可忽视的导向作用。

　　标语口号具备时代性、鲜明性、简洁性和鼓动性等特点，如2008年北京奥运会的标语口号"同一个世界，同一个梦想"就鲜明体现出了这样的特点。

标语口号写作的注意事项

　　标语口号就是短句，在格式上没有更多的要求。但在写作中要注意以下几点：

　　（一）高度概括，简洁响亮

　　标语口号要求最快捷地传达思想感情，为了好懂易记、易于传播，语言应该简洁凝练，朗朗上口。既要能在短短几字中蕴含丰富的信息，又要浅显通俗,贴近公众。例如"新北京,新奥运"是我国申奥的标语口号,虽然只有六个字,却隐含着丰富的信息。"新北京"表明经过20多年的改革开放,北京已成为一个融古老文化与现代化于一体的国际化大都市,完全具备举办奥运会的能力;"新奥运"意味着北京的申办不同于以往国家,将给国际奥委会和世人留下全新的印象。

(二)感情真挚,生动活泼

标语口号要发挥作用,就不能板起面孔,措辞严厉生硬,而应该采用真诚亲切的口气,综合运用拟人、比喻、夸张、对仗、押韵等多种修辞手法,生动活泼地将想要传达的信息自然地表露出来。如"小草也是生命,请您足下留情"就比"严禁践踏草坪"的效果要好得多。请看以下的例子:

珍惜我,就从一点一滴做起吧!——节水(拟人)

带十分小心上路,携一份平安回家。——安全驾驶(对仗)

除了足迹什么都不要留下,除了记忆什么都不要带走。——风景区(委婉)

请你近距离投篮。——垃圾箱(比喻、幽默)

轻轻地我走了,正如我轻轻地来。——图书馆(借用诗句)

这些标语口号真切自然,富于美感,能给读者留下深刻的印象,也就很好地达到了宣传教育的效果。

【例文】

高考宣传标语口号:

在羡慕别人成绩的同时,更要欣赏他们走过的足迹。

让父母的期待变成现实,让自己的理想展翅飞翔。

沉着冷静,周密思考,认真严谨,仔细检查,答题规范,书写工整。

校园安全宣传标语口号:

平安校园在我心,安全行动脚下行。

提高自防自救能力,保障自身生命安全。

出行避让一小步,远离危险一大步。

【动手小训练】

1.拟写以校园文明、助人为乐、尊敬师长为主题的标语口号各两条。

2.为环境保护、绿化家园拟写几条标语口号。

056 实用情境回眸

下面是林业局员工为这次运动会拟写的一幅标语条幅:

我精彩,我运动!

让运动挥洒汗水,让青春闪耀光芒!

比出风采,超越自我!

林业局员工拉出的标语条幅

第四章

有理有据说服人

——言辞竞技类

一　演讲稿

实用情境

　　江海一中高中部"纪念'五四'运动"演讲比赛即将举行，宁勇擅长朗诵，普通话也很好，成了高二(一)班推举出的参赛代表。可是宁勇知道，对于演讲来说口头的表达能力固然重要，但更重要的是演讲的内容是否充实生动，发人深思，能否引起观众的强烈共鸣。而要收到这样的效果，就要准备好一篇优秀的演讲稿，这样演讲起来才能心中有底，游刃有余。所以这两天，宁勇忙着查阅资料，构思提纲，为写好演讲稿做准备。

　　演讲稿也叫演说辞，它是在较为隆重的仪式和某些公众场合发表自己见解、主张的讲话文稿。演讲稿是进行演讲的依据，它的好坏直接决定了演讲的成功与失败。演讲稿像议论文一样论点鲜明、逻辑性强，但

它又不是一般的议论文。它是一种带有宣传性和鼓动性的应用文体,具有较强的感染力。

有时即兴演讲也能产生佳作,但重要的演讲我们还是要先准备好讲稿,有了稿子可以帮助演讲者消除临场紧张、恐惧的心理。在写作演讲稿的过程中,可以通过对思路的精心梳理,对材料的剪裁组织,使演讲内容更加深刻。

一、演讲词的特点

(一)针对性

演讲是一种社会活动,是用于公众场合的宣传形式。它以思想、感情、事例和理论来晓谕听众、打动听众、"征服"群众,有现实的针对性。所谓针对性,首先是作者提出的问题是听众所关心的问题,要能为听众所接受并心悦诚服;其次是要懂得听众有不同的对象和层次,而"公众场合"也有不同的类型,写作时要根据不同场合和不同对象,为听众设计不同的演讲内容。

(二)鼓动性

演讲是一门表演艺术。优秀的演讲应该有着强大的感染力,能够以自己的思想情感渲染听众,有一种说服听众、以情感人、激发共鸣、赢得好感的鼓动性。要做到这一点,首先要依靠演讲稿思想内容的丰富、深刻、新颖、发人深思;其次是语言表达要形象、生动,富有感染力。如果演讲稿写得平淡无味,毫无新意,即使在现场"演"得再卖力,效果也不会好,甚至相反。

(三)口语性

口语性是演讲稿区别于其他书面文章的重要特点。演讲稿必须讲究"上口"和"入耳"。所谓上口,就是演讲起来朗朗上口,生动流畅。所谓入耳,就是听起来非常亲切易懂,没有什么语言障碍,不会发生歧义和曲解。具体可以通过把长句改成短句,把倒装句改为常规句,把单音节词换成双音节词;把生僻的词换成常用的词等方式进行调整。

（四）临场性

演讲活动是演讲者与听众面对面的一种交流和沟通。听众会对演讲内容及时作出反应:或表示赞同,或表示反对,或饶有兴趣,或无动于衷。所以写演讲稿时,要预先估计临场反应,在保证内容完整的前提下,要注意留有伸缩的余地。要充分考虑到演讲时可能出现的种种问题,以及应付各种情况的对策。总之,演讲稿要具有弹性,要体现出必要的控场技巧。

二、演讲稿的结构

演讲稿通常包括标题、称呼、开场白、主体、结尾五个部分,我们需要重点了解后三个部分的写法:

（一）开场白

开场白是演讲稿中很重要的部分,它犹如戏剧开头的"镇场",能够紧紧地抓住听众的注意力,为整场演讲的成功打下基础。开场白对演讲有双重作用,一是诱发听众的浓厚的兴趣,赢得听众的好感;二是为整个演讲创造一个适宜的气氛,为全篇演讲定下基调,或提纲挈领点明演讲的宗旨,自然引起下文。开场白的形式有:

1.开门见山,揭示主题。这种开头单刀直入,直截了当,坦诚直率不绕弯子,直奔主题,开宗明义地提出自己的观点。如《什么是真正的幸福》开头:

　　幸福,这是一个多么美丽而诱人的字眼,它古老而常新,有着无穷的魅力。古往今来,有多少人在追求、探索。然而,大千世界,茫茫人海,人们对幸福的理解和追求又不尽相同。

这种开头扼要地解释、说明演讲题目的含义,能自然顺畅地转入正文的论述。

2.提出问题,引发思考。这种方法是根据听众的特点和演讲的内

容,提出一些激发听众思考的问题,以引起听众的注意。听众带着问题听讲,将大大增加他对演讲内容认识的深度和广度。但提出的问题应围绕中心,饶有趣味,发人深省。如果问得平平淡淡,不痛不痒,反而弄巧成拙,失去这种开场白的优势。如弗雷德里克·道格拉斯1854年7月4日在美国纽约州罗彻斯特市举行的国庆大会上发表的《谴责奴隶制的演说》,一开讲就能引发听众的积极思考,把人们带到一个愤怒而深沉的情境中去:

公民们,请恕我问一问,今天为什么邀我在这儿发言?我,或者我所代表的奴隶们,同你们的国庆节有什么相干?《独立宣言》中阐明的政治自由和生来平等的原则难道也普降到我们的头上?因而要我来向国家的祭坛奉献上我们卑微的贡品,承认我们得到并为你们的独立带给我们的恩典而表达虔诚的谢意么?

3.讲述故事,设置悬念。就是开头讲一个内容生动精彩、情节扣人心弦的故事或举一个触目惊心的事实来制造悬念,设计一种情境、一种氛围,令人神往,令人关注,使听众对故事发展和人物命运深表关切,从而仔细听下去。

演讲稿的开头使用故事比较容易引起听众的注意,并且,听众尤其喜欢听演讲者述说自己亲身经历的故事。福楼拜曾把他的那篇"遍地黄金"演说了6000多次,获得了好几百万元的收益,其开头就是以自己1870年沿土耳其底格里斯河而下的一个游记,听众都非常想知道后面发生了什么事,聚精会神地认真听。但讲故事只是实现演讲目的的手段,故事不能喧宾夺主。演讲者要将自己的思想观点不动声色地融入故事中,展开演讲的内容,起到"随风潜入夜,润物细无声"的作用,才真正达到讲故事的目的。

4.引用知识,引出观点。格言、谚语、诗词名句、名人名言等,具有思想深邃和语言优美的特点,具有广泛的群众基础。若能适当地运用名言作为开头，也可以收到好的效果。如《走自己的路》演讲稿的开头引用屈原《离骚》中的名句："路漫漫其修远兮，吾将上下而求索"，含义深邃而又自然地引出下文。

新闻、统计数据等文字材料，都可以作为我们演讲时引出论点，支撑论点的有力证据。如：《文明古国的悲哀》演讲稿的开头：

据一家国家级的报纸报道：在国外，几乎所有国家的公共场所都专门贴有用中文写的告示牌——请不要随地吐痰和乱扔果皮、纸屑。朋友们，这并非是一件正常的小事，而是对号称文明古国的子孙们的一种讽刺。

5. 运用道具，引人关注。这又叫"实物式"，演讲者开讲之前向听众展示某件实物，给听众以新鲜、形象的感觉，引起他们的注意。实物可以是一幅画、一张照片、一张图表、一件物品等。如一篇演讲稿开头作者使用了一张极具冲击力的新闻图片——堆积成山的饮料瓶垃圾，来引出爱护环境的演讲主题。

6. 临场发挥，机智巧妙。演讲者就演讲地点的景、物当场设喻，借以说清道理；或在特殊的情况下，采用随灵机应变、机智巧妙、信手拈来的即席方式开头，以缩短演讲者与听众的距离，增强演讲的形象性和感染力。例如，前苏联著名作家高尔基有一次应邀出席苏联作协理事会并发表讲话。他走上讲台时，受到了代表们长时间的热情欢迎。此情此景，高尔基风趣地即兴讲道："如果把花在鼓掌上面的全部时间计算起来，时间就浪费得太多了。"高尔基谦逊和幽默的开场白使听众倍感亲切。

（二）主体

主体是演讲稿的骨干部分，主体部分要层层展开，步步推向高潮。所谓高潮，即演讲中最精彩、最激动人心的段落。在主体部分的行文上，要在理论上一步步说服听众，在内容上一步步吸引听众，在感情上一步步感染听众。要精心安排结构层次，层层深入，环环相扣，水到渠成地推

向高潮。

主体部分大致有两种类型：

1.议论性演讲稿。以典型事例和理论，围绕演讲稿的中心论点，采用议论文常用的并列式、对比式、递进式等结构形式，把要讲的道理严谨充实，有理有据地传达给听众。为了体现作者的思路，提示听众的注意，常常在各层次开头用"首先"、"其次"、"再次"或"第一"、"第二"等语词来区分层次。

2.抒情性演讲稿。这类演讲稿是用感情的起伏来安排文章的结构，用富含激情的语言表明观点，用一系列感情强烈的排比句来抒发感情，打动听众。在文章的字里行间处处流露出煽动人心的效果。

如何构筑演讲高潮呢？

首先要注重思想感情的升华。必须在对某个问题有较为深刻、全面的分析、论证的基础上，演讲者的思想倾向要逐渐明朗，听众也能逐渐领会演讲者的思想观点，并有可能与演讲者的思想感情产生共鸣，从而构筑高潮。

其次要注意语言的锤炼，使用排比、反问等句式增加气势，也可借助名言警句把思想揭示得更深刻。

（三）结尾

结尾是演讲内容的收束，它起着深化主题的作用，是主体内容发展的必然结果。好的结尾应收拢全篇，卒章显志，余音绕梁，能够使听众精神振奋，并促使听众不断思考和回味。拿破仑说过："兵家成败决定于最后五分钟。"如果演讲稿加上一个出人意料、耐人寻味的好结尾，那么，就如同锦上添花，会给听众带来深刻的印象。结尾的方式很多，这里简单列举几种：

1.号召式。以发出号召，呼吁的方式结尾。这种结尾感情饱满、态度鲜明、激情奔放，有助于坚定听众的信念，增加演讲的感召力。如演讲稿《无愧于伟大的时代》：

同学们,让我们高举起"五四"的火炬,弘扬民主与科学的精神,把爱国之情、报国之志化为效国之行,用我们的热血和汗水、青春和智慧,甚至是生命,向我们的先辈和后代,向我们的祖国和民族呐喊:我们将无愧于伟大的时代,无愧为炎黄子孙! 我们将无愧为跨世纪的中国人! 谢谢!

这种结尾言简意赅,语言真切,充分表达了演讲者鲜明的立场和坚定的决心,从而有力地鼓舞着广大听众朝着这一目标奋进。

2.抒情式。以抒情、发感慨的方式结尾。演讲本身是一种思想和激情的燃烧,用抒情、发感慨的诗情画意的语言结尾,最易激起听众心中感情的浪花。如演讲稿《我爱长城,我爱中华》的结尾就是用抒情式:

雄伟啊长城,伟大啊中华! 我登上崇山峻岭的高峰之巅,我站在万里长城耸入云端的城楼之上,我昂首挺立在世界的东方,在祖国的山川大地,向世界的大洲、大洋,向天外的星球宇宙,纵声呼喊:我爱长城! 我爱中华!

这种结尾方式,既表达了主题,同时又对听众产生振聋发聩的冲击力。

3.高潮式。在演讲的高潮中结尾,即把演讲的高潮设计在最后。演讲结束时,演讲者设法最后一次拨动听众的心弦,打开听众的心扉,掀起高潮。如演讲稿《改革需要我们理解,时代呼唤我们奋进》的结尾:

亲爱的朋友们:改革正在呼唤着我们,克服改革面临的困难,历史的重任已经责无旁贷地落在了我们的肩上。这将是一个挑战与机遇同在,困难与希望并存的非常时期,起来吧! 朋友们! 祖国和民族考验我们的时代到了,每一个有爱国之心、民族之魂的炎黄子孙起来吧! 让我们同心同德、艰苦创业,把强烈的忧患意识和爱国热情,变为强国富民的创造

性劳动,把加速民主政治建设,消除腐败现象的愿望,化为维护安定团结大局的实际行动,为共渡难关振兴中华,起来吧! 前进! 前进! 前进!

这种采用高潮结尾的方式,从内容上讲,要有一定的高度,因为它是全篇演讲的概括和总结。从语言角度上讲,语言的含义要一层高过一层,语言的力度要一句比一句重。

此外,还可采用名言式、幽默式、总结式等结尾方式。

【例文】

文明离我们还有多远

各位老师,各位同学:

大家好!

我今天想说一下"文明离我们有多远"这个话题。大家都知道,我国是世界上为数不多的文明古国之一,也是礼仪之邦,中国人对人类的贡献是毋庸置疑的。改革开放以来,我们的物质生活都得到了提高,可是全民的素质提高,却成了当今社会的现实问题。细想一下,现代文明、国人的高素质是社会发展对我们的要求,那么我们的言行,我们的行为与文明有多远呢? 先让我给同学们讲个事例。据中央台报道,洁净的天安门广场上随处可见的口香糖残迹显得格外刺眼,40万平方米的广场上粗算有60万块口香糖的残渣,有的不足1平方米的地面上竟有9块口香糖的污渍,密密麻麻的斑痕与天安门广场的神圣和庄严形成了强烈的反差。这个实例,让我们看到文明离我们国家还有一定的距离。

还有这样一个真实的故事:说一个外国人去德国出差,凌晨三点钟他搭乘了一辆货车,车开到十字路口,正赶上红灯,司机停了车,外国人不解地问:"先生,半夜路口无车无人,为什么要停?"司机说:"尽管无人无车,但是是红灯我就要停。"由此可见,当文明成为每一个人的一种自觉习惯时,一切就会变得很自然,社会和我们所期待的文明也会自然而然地到来。

还有个例子,也是中央台的报道,香港迪斯尼乐园里游人很多,但国人许多不文明的习惯,如随地吐痰、随地小便、抽烟以及脱鞋等等引起了社会和民众的反感。可见文明和习惯与人的形象是多么息息相关。

说到这里,我们也可问一问自己,我们学校的同学离文明有多远呢?当同学们走进教室,见面一个微笑的时候;当同学们向老师表达尊敬的问候之时;当同学们将身边的环境爱护得干干净净的时候;当同学们有感父母养育之恩而发奋学习之时。谁又能说文明离我们有多远呢?

但是,当个别同学无视校规校纪,不服从老师和同学帮助的时候;当同学们不求进取、得过且过的时候;当不文明的语言脱口而出,甚至说脏话、粗话的时候;当少数同学在教学区喧哗哄闹影响他人学习的时候;当少数同学随心所欲做出有损公物等不良陋习之时,谁又能说,文明离我们有多近呢?

可见,文明就是我们素质的前沿,拥有了文明,我们就有了人类最为宝贵的精神财富。一所好的学校,必然具备良好的文明校风,这才能构造出良好的校园文化氛围,才能创造出优良的学习成绩。

文明的一切都是由细节构成的,当同学们播下一个动作,便收获了一个习惯。让我们都把文明放在心里一个重要位置,时时刻刻去与文明交谈,千万不要把文明行为习惯当作小事。

同学们,文明习惯有赖于自身的积累。只要你愿意给他人真诚的关心和微笑;只要你愿意弯腰拣取地上的一团纸屑;只要你愿意关爱社会,关爱别人;只要你愿意在行为上不断检点自己,文明就会时时处处陪伴着你。

同学们!让我们从现在做起,从自己做起,从小事做起,养成良好的文明习惯,做文明礼貌的学生,管住我们的口,不讲脏话、粗话,不随地吐痰;管住我们的手,不乱扔垃圾、不损坏公物;管住我们的脚,不去践踏花草等等。让文明的行为习惯在每一位同学身上都能得到充分的体现!

歌德曾说过:"理论之树是灰色的,只有生活之树是长青的",愿这郁郁葱葱的生活之林时时开出文明之花,点缀我们的校园,装饰我们的生活,愿文明的钟声在我校时时响起,到那时,我们可以自豪地说:文明就在我身边!

我的演讲完毕,谢谢大家。

【动手小训练】

1. 以班委会的名义组织一次班级演讲比赛,演讲题目自拟。

2. 从以下题目选择一个,写一篇演讲稿:

《保护绿色家园》、《我的读书观》、《路,就在脚下》、《梦想与信念》

实用情境回眸

066

宁勇关于"纪念五四运动"的演讲稿写好了,虽然内容还稍有些单薄,但也算是一篇行文流畅,富于激情的演讲稿了。用这篇稿子,加上自己在演讲时充满气势的语言风格,宁勇在学校的比赛中获得了二等奖。下面就来看看她是怎么写的吧:

青春的火炬

五月的春风情深意暖,五月的花海流溢飘香,和着春潮,伴着夏韵,在花海灿烂夺目的季节里,我们迎来了"五四"青年节。

弹指一挥间,人类已昂首进入了21世纪。在这漫长的岁月里,中国战胜了衰落,走向振兴,挣脱了屈辱,走向奋起,中国正以崭新的姿态向世人展示

宁勇在演讲

着自己。然而，人们不会忘记那划时代的"五四"爱国运动，更不会忘记那举起民族救亡旗帜，开创民族独立和民族振兴新纪元的先驱者，不会忘记革命战争的烽火硝烟，更不会忘记，为真理而抛头颅洒热血的英烈们！今天，我们的祖国已经进入了一个新的历史时期，振兴中华的责任，已经落到我们肩上，"五四"火炬已经光荣地传到我们手中。

青春，是一个靓丽的季节，是一个充满活力的字眼。青，是绿色，是生命的颜色；春，是季节，是成长的季节，青春就是茁壮成长的季节那片生命的绿色，是阳光下那片灿烂的笑容。

青春是美好的，也是短暂的，它也许是你人生的一处驿站。不过请记住，即使它像一颗流星，我们也要努力让它成为一次辉煌的闪现，不惧艰难困苦，敢于拼搏，志比云天。

中学时代，是我们人生中的一个重要的里程碑。我们知道，风雨会使我们变得强壮，挫折会使我们变得坚强。成熟的思想和高尚的品质，来自于风雨的洗礼和生活的磨砺。面对未来，我们要去争创人生的辉煌，这样才能体现生命的价值。

有人说，19 世纪是英国人的世纪，20 世纪是美国人的世纪，而 21 世纪，就是我们中国人的世纪。中国经过几十年来的艰苦建设，已获得了"乘长风，破万里浪"的迅猛发展，但我们不要忘记，我们仍然是个发展中的国家，还有许许多多地方有待完善和发展。要想国家富强，就必须努力，而希望就寄予在我们这一代人身上。

在 20 世纪，中华民族前进的道路上，中国共青团留下了英勇奋斗的足迹，作出了无愧于历史的贡献。21 世纪是一个充满希望和挑战的世纪，中国共青团，将以新的面貌，面向新世纪，以新的作为开创新的事业，在中华民族振兴史上继续谱写光辉的篇章！

今天，当我们缅怀"五四"先驱们的业绩，回顾中国人民和青年在整个世纪走过的历程，我们深深知道，作为当代青年团员应当秉承民族精神，高举"五四"火炬，肩负时代责任。让我们高举青春的火炬，用知识加汗水，以满腔热情，去开拓、去创造、去拥抱新希望，去迎接这个机遇与

快速格式化——常见文体范例

挑战并存的世纪！让我们用这青春的火炬，点亮我们的心灯，照亮未来的世界！

二　辩论词

辩论是见解不同的人彼此阐述理由，辩驳争论的方式。双方互相用自己认为正确的道理去说明一定的事情和问题，以图战胜对方，有时还要揭露对方的矛盾，驳斥对方的错误，力求最后得到对事物的正确认识或共同的意见。

辩论能力是每个学生都应重视培养的能力。因为辩论是理论和实践的结合，需要敏锐的思维、准确的判断、细致的分析、丰富的知识和流利的口才，以及在大庭广众中敢于陈述自己见解的魄力和勇气。因此，参加辩论对一个学生来说是一种全面的、综合性的能力培养方法。在辩论赛事中，我们常常需要提前搜集、整理辩论材料，写成一定的发言稿。为辩论而写的文字稿就是辩论稿。像剧本是一剧之本一样，辩论稿也是辩论成功的保证。

一、辩论词的特点

辩论词和传统议论文有相似之处，也有自身的特点：

（一）由于辩论是双方观点的交锋，所以辩论词要求针对性强，观点鲜明犀利，对于对方可能出现的推理方向和逻辑漏洞，要在写稿阶段就做好预估，在辩论稿中加以揭露和批驳，写好应对方案，不能靠临时反应。

（二）辩论不是以空对空的纯理论探讨，一定要富于时代感，结合当前的社会现实问题加以探讨，获得启发，才能真正达到辩论的目的。所以辩论词的事例、数据等材料必须充实典型，有说服力。

（三）辩论词不是写出来给人看的，而是要讲出来给人听的。所以语言必须通俗流畅，不能过于书面化。要多用短句，不能用生僻的词及同音易混的词。自由辩论阶段语言要简短有力,生动幽默,总结发言时可适当多用一些排比句增加文采。

二、一般辩论赛的主要赛制

(一)开篇立论开始,正反两方一辩依次发言,时间各 2 分 30 秒。

(二)攻辩时间 6 分钟,每队各 3 分钟。

(三)攻辩小结,每队各 1 分 30 秒。

(四)自由辩论 8 分钟,每队各 4 分钟。

(五)反方四辩总结陈词,时间 3 分钟。

(六)正方四辩总结陈词,时间 3 分钟。

三、辩词撰写(按赛制)的基本要求

(一)务必自己动手写辩词

事先可以请老师或其他人讲一讲,以开拓思路,也可以适当阅读一些参考辩词以感受、形成自己的"辩词意识"。但是自己的辩词一定要自己来写。写的过程,就是消化的过程,也是进一步强化认识、反复印证战略的过程。通过写,会激活自己的思维和已有的知识储备。写不出来就逼着自己去钻研;写得顺畅,说明自己对问题的认识是清楚的,有把握的。无论如何,自己动手写辩词的过程是进一步认识、消化、内化、强化的过程。无论写得好不好,顺利不顺利,最终效果在辩论的赛场上自然会显现出来。可以请人看,提意见;给人读,看反映;但是改也要自己改,不可以请人写。

(二)务必注意时间的分配

场上辩论的时间是有规定的,因此,辩论词的撰写务必要考虑时间的分配问题。以什么开头,怎么结尾,中心内容是什么。各自需要多少时间,问题才能说清楚,均要认真安排。由于要照顾场上的情况变化而适时改变、增减内容,一般一篇陈词不可写满,应该留出 30 ~ 40 秒,以应对场上临时出现问题的处理。3 分钟的陈词一般情况下按语速来计算,

大约有850字左右。因此可以在这个基础上适当增减,这样就不会超时或者不足时。

(三)务必考虑辩论词中闪光的元素

一篇辩论词,完成观点表达是最基本的要求,还要力争出彩、出效果,以激起场上的共鸣。所以必须考虑内容中闪光的元素:趣味元素、诗词元素和哲学元素。有了这三方面的元素,往往能够使辩词生辉。

(四)辩手具体分配

1.一辩:其任务是讲清题意,即本方对辩题的理解;判断题型,并予以解说;抓重心,概述本方的基本立场及对方辩论的焦点、锋点;概述本方立论的基本框架及逻辑结构。

一辩界定概念时需要注意的原则:一是要有依据,有出处;二是要做合乎题意,并有利于本方立场的界定,尽量约定俗成,而不要照搬照抄;三是界定应该准确,不留缝隙,但要精短,不过多浪费时间;四是口语化,让人一听就懂;五是重心词往往是本方立论的基础和辩论的依据,一定要细心斟酌,不生歧义。

2.二辩:其任务是讲本方立论的主要依据,即论据。理由要充分,论据要典型。一般采用并列或递进方式来说明。一般而言,能够列出三条以上的论据,即有三个层次,所述理论的立体感和充实性就强些。这可以根据具体辩题的情况来确定。

3.三辩:其任务是讲事实,可有以下几种方式:

历史—现实法:即从历史事实讲到现实事实,其优势是厚重感强,也可以延伸为古今中外法;散点透视法:即选几个点来做说明;重点突出法:即重点讲某个点或某个面,以一总万。

4.四辩:其任务主要是:首先纠错,总结对手在比赛中犯下的错误,重点从逻辑、事例、论证等方面找错;其次重申论点,加以总结,和一辩的论点要一致;最后升华,将己方的观点尽量提升到一个新高度上,从更高的层面分析辩题,不局限于辩题本身,要升华到更高的价值观、世界观,使听者受到感召鼓舞,从而收到较好的比赛效果。

在唇枪舌剑的攻辩和自由辩论阶段,常常需要辩论者具有极强的应变能力和敏锐的思维。

四、对辩的常用技巧

(一)借力打力

例如,在关于"知难行易"的辩论中,有这么一个回合:

当对方以"知法容易守法难"的实例论证"知易行难"时,正方马上转而化之从"知法不易"的角度强化己方观点,给对方以有力的回击。扭转了被动局势。

正方:对啊!那些人正是因为上了刑场死到临头才知道法律的威力。法律的尊严,可谓"知难"哪,对方辩友!(热烈掌声)

这里,正方之所以能借反方的例证反治其身,是因为他有一系列并没有表现在口头上的、重新解释字词的理论作为坚强的后盾:辩题中的"知",不仅仅是"知道"的"知",更应该是建立在人类理性基础上的"知"。这样,正方宽广、高位定义的"知难"和"行易"借反方狭隘、低位定义的"知易"和"行难"的攻击之力,有效地回击了反方,使反方构建在"知"和"行"浅层面上的立论框架崩溃了。

(二)移花接木

剔除对方论据中存在缺陷的部分,换上于我方有利的观点或材料,往往可以收到"四两拨千斤"的奇效。我们把这一技法喻名为"移花接木"。

比如,在关于"治贫比治愚更重要"的论辩中,正方有这样一段陈词:"对方辩友以迫切性来衡量重要性,那我倒要告诉您,我现在肚子饿得很,十万火急地需要食物来充饥,但我还是要辩下去,因为我意识到论辩比充饥更重要。"话音一落,掌声四起。这时反方从容辩道:"对方辩友,我认为'有饭不吃'和'无饭可吃'是两码事……"反方的答辩激起了

更热烈的掌声。正方以"有饭不吃"来论证贫困不足以畏惧和治愚的相对重要性,反方立即从己方观点中归纳出"无饭可吃"的旨要,鲜明地比较出了两者本质上的天差地别,有效地扼制了对方偷换概念的倾向。

(三)顺水推舟

表面上认同对方观点,顺应对方的逻辑进行推导,并在推导中根据我方需要,设置某些符合情理的障碍,使对方观点在所增设的条件下不能成立,或得出与对方观点截然相反的结论。例如,在"愚公应该移山还是应该搬家"的论辩中:

反方:我们要请教对方辩友,愚公搬家解决了困难,保护了资源,节省了人力、财力,这究竟有什么不应该?

正方:愚公搬家不失为一种解决问题的好办法,可愚公所处的地方连门都难出去,家又怎么搬? ……可见,搬家姑且可以考虑,也得在移完山之后再搬呀!

正方先顺势肯定"搬家不失为一种解决问题的好办法",既而根据"愚公所处的地方连门都难出去"这一条件,自然而然地导出"家又怎么搬"的诘问,最后水到渠成,得出"先移山,后搬家"的结论。如此一系列理论环环相扣,节节贯穿,以势不可当的攻击力把对方的就事论事打得落花流水,真可谓精彩绝伦!

(四)利用矛盾

由于辩论双方各由四位队员组成,四位队员在辩论过程中常常会出现矛盾,即使是同一位队员,在自由辩论中,由于出语很快,也有可能出现矛盾。一旦出现这样的情况,就应当马上抓住,竭力扩大对方的矛盾,使之自顾不暇,无力进攻我方。比如,在与剑桥队辩论时,剑桥队的三辩认为法律不是道德,二辩则认为法律是基本的道德。这两种见解显然是相互矛盾的,可以乘机扩大对方两位辩手之间的观点裂痕,迫使对方陷入窘境。又如正方一辩起先把"温饱"看做是人类生存的基本状态,后来在反方的凌厉攻势下，又大谈"饥寒"状态，这就是与先前的见解发生了矛盾，反方"以己之矛，攻己之盾"，使对正于急切之中，理屈词穷，无言以对。

（五）引蛇出洞

在辩论中，常常会出现胶着状态：当对方死死守住其立论，不管我方如何进攻，对方只用几句话来应付时，如果仍采用正面进攻的方法，必然收效甚微。在这种情况下，要尽快调整进攻手段，采取迂回的方法。从看来并不重要的问题入手，诱使对方离开阵地，从而打击对方，在评委和听众的心目中造成轰动效应。比如在国际大专辩论比赛中，在我国辩论队和悉尼队辩论"艾滋病是医学问题，不是社会问题"时，悉尼队死守着"艾滋病是由 HIV 病毒引起的，只能是医学问题"的见解，不为所动。于是，我方队采取了"引蛇出洞"的战术。我方二辩突然发问："请问对方辩友，今年世界艾滋病日的口号是什么？"悉尼队四位辩手面面相觑，为不至于在场上失分太多，一辩站起来乱答一通，我方队立即予以纠正，指出今年的口号是"时不我待，行动起来"，这就等于在悉尼队的阵地上打开了一个缺口，从而瓦解了对方坚固的阵线。

总之，辩论是一个非常灵活的过程，只有使知识积累和辩论技巧珠联璧合，才可能在辩论赛中取得较好的成绩。而一篇准备充分的辩论词，则是成功的必要基础。

【例文】

关于是否勤俭节约的辩论词

正方主辩（3 分钟）：

各位评委老师，大家好，我方的辩题是：应该紧着过日子。古人云："俭，德之共也；侈，恶之大也"、"历览前贤国与家，成由勤俭破由奢。"勤俭节约是中华民族的传统美德，是中华民族的优良传统。小到一个人、

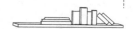

一个家庭,大到一个国家、整个人类,要想生存,要想发展,都离不开勤俭节约这四个字。可以说修身、齐家、治国都离不开勤俭节约,诸葛亮把"静以修身,俭以养德"作为"修身"之道;朱子将"一粥一饭,当思来之不易;半丝半缕,恒念物力维艰"当作"齐家"的训言;毛泽东以"厉行节约,勤俭建国"为"治国"的经验。古今中外勤俭节约的故事不胜枚举。英国女王伊丽莎白二世经常说的一句英国谚语是"节约便士,英镑自来",建国初期,有一首歌唱得好:"勤俭是咱们的传家宝,社会主义离不了。不管是一寸钢、一粒米、一尺布、一分钱,咱们都要用得巧。好钢用在刀刃上,千日打柴不能一日烧。"当时,国人都把勤俭节约作为做人和干事业的行为准则。

然而随着我国国力的增强和生活的改善,有些人把勤俭节约的优良传统丢了。君不见,当前社会上超越现实、盲目攀比的畸形消费;斗富摆阔、一掷千金的奢靡消费;过度包装、极度美化的蓄意浪费;"长明灯"、"长流水"的随意浪费等现象比比皆是、不胜枚举。在这些不良现象中,"大款""公款"充当了主要角色。这种社会现象已经引起社会的广泛关注,并得到党和国家的重视。党中央及时提出"建设节约型社会"的战略决策,并把加快建设节约型社会,提到"事关现代化建设进程和国家安全,事关人民群众福祉和根本利益,事关中华民族生存和长远发展"的高度,并在全国范围内大张旗鼓、深入持久地开展节约活动,加快建设节约型社会。勤俭节约的美德如甘霖,能让贫穷的土地开出富裕的花;勤俭节约的美德似雨露,能让富有的土地结下智慧的果。艰苦朴素、勤俭节约是我们人类社会的美德。古今中外,无论是发达的国家,还是发展中的国家,都将艰苦朴素作为一种美德发扬光大。联合国专门把10月31日设立为"勤俭日",也就是提醒并要求人们在新世纪仍然要坚持艰苦朴素、勤俭节约的美德。古人白居易说过"奢者狼藉俭者安,一凶一吉在眼前",意思就是警示后人,谁在平日节衣缩食,在穷困时就容易渡过难关;谁在富足时豪华奢侈,在穷困时就会死于饥寒。金钱这东西,只要能解决个人的生活就好,若过多了它会成为遏制人类才能的祸害！著名院士袁隆平先生，身价过亿，而他最贵的一身衣服只有800块钱！还有人人皆知的雷锋同志，他艰苦朴素的生活也时时刻刻激励着大家，一双袜子可以新三年，旧三年，缝缝补补又三年！有些人大手大脚，还有句口头禅："家大业大，浪费点没啥。"损国家肥小家者有之，损集体肥个人者有之。他们用公款吃喝玩乐，花样百出，还振振有词：现在经济情况好了，应该享受享受了嘛！事实是这样吗？并非如此。这只是他们给自己找的借口而已。所以，我队坚持应该过紧日子，不管你是领导还是平民，你是大款还是穷人。

反方主辩（3分钟）：

各位评委老师，大家好。我方的辩题是：不需要紧着过日子。生活是什么？生活不光是奋斗、拼搏，或是受苦受难，生活还应该是一种享受——自然的享受，爱的享受，艺术的享受。有人经常抱怨，人来到这个世上就是接受磨炼，受苦受难的。当然，如果你辛辛苦苦在外忙碌苦一天，回到家只用馒头和咸菜犒劳自己，你当然觉得太亏待自己！挣钱就是用来花的，也许你会说，我还有很多用钱的地方！不错，是这样的，可是人不能总想着怎样去省钱，应该想想怎样可以去赚更多的钱才是硬道理！人都会死，不管地位如何显赫，不管曾经如何富有，不管拥有多大的成功，不管获得了多少炫目的成就，死是生命的最终归宿。花开花落，生生死死，这是谁也无法抗拒的自然法则。所以，我们能做的只有珍惜生命，热爱生活，使生活欢快一些，明丽一些，潇洒一些。所以我方认为，不需要过紧日子！

另外，众所周知。拉动我国经济的三辆马车是消费、投资和出口，排在第一位的就是消费，我们国家每年都在呼吁扩大内需，刺激内需，拉动我国经济增长。可是试问对方辩手，如若我们都紧着过日子，把钱守在枕头下发霉了也不花，那么我们何谈消费？何谈内需？何谈经济增长？为什么外国资本主义最发达的时候，我们却停留在落后的小农经济占主导的封建社会？就是我们几千年来所固守的日子紧着过的保守思想严

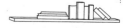

重阻碍了我们社会的发展;相反,现在我们国家经济之所以能有这么飞速的发展,恰恰是因为我们国家一直在鼓励消费,鼓励扩大内需,这也正显示了我们国家领导人的明智和长远眼光。

正方一辩向反方一辩提问(10秒钟):

刚才反方一直在强调享受生活,那么请问反方,什么才叫享受生活?享受生活的标准是什么? 难道没有遏制的花钱就是享受生活吗?

反方一辩回答正方一辩问题(1分钟):

不知道正方有没有听过一句话"有钱难买我高兴",是的,没有遏制的花钱并不代表就可以过得快乐幸福,可是当你碰到自己已经心仪很久的东西,这时你却因为考虑到兜里的钱,而最终没忍心拿下,请问正方,这时你心里会是什么样的感受呢? 我们坚持不需要过紧日子,而不是支持浪费!

反方一辩向正方一辩提问(10秒钟):

请问正方辩友,对于股票、基金或者是彩票想必也都有买过吧,那请问你买这些的目的是什么?

正方一辩回答反方一辩问题(1分钟):

对于股票、基金是企业融资的一种方法,我们购买基金、股票是另一种支持国家经济建设的方式。对于彩票,它的主题是救助他人,关爱他人,这也是我们响应这一主题的号召,促进我们人类真善美的发展。

正方二辩向反方二辩提问(10秒钟):

目前全球面临的金融危机,物价上涨,面对这一现状,请问对方辩友你还会继续毫无顾忌地享受生活吗?

反方二辩回答正方二辩问题（1分钟）：

现在我国一再地下调银行利率，目的是让我们拿出钱来去消费，以此来促进经济快速复苏起来。金钱运转才会产生其应有的价值，如果你今天投资一块钱，它创造的价值一定会大于你把它存起来的价值。

反方二辩向正方二辩提问（10秒钟）：

勤俭节约在不同的时代有不同的含义，过去我们提倡艰苦奋斗，是因为我国的整体经济很落后，没有足够的产品供人们消费；现在，国家经济迅速发展，难道不应该促进适度消费以保障经济的快速发展吗？

正方二辩回答反方二辩问题（1分钟）：

勤俭节约意味着不畏艰苦，只有勤俭节约把生产力提高了，才能增加社会财富，才能提高人民的生活水平；其次，勤俭节约的生活作风至今仍很需要，"历览前贤国与家，成由勤俭败由奢"。

正方三辩向反方三辩提问（10秒钟）：

假如放弃了艰苦奋斗，不积累物资，缺少再生产资源，生产力得不到发展，那我们拿什么消费？

反方三辩回答正方三辩问题（1分钟）：

对方辩友弄错了一个关系，我们说要消费没说放弃艰苦奋斗，我们说消费更没说可以不积累物资，正好相反，在今天市场经济的情况下，如果没有消费就无法刺激人们艰苦奋斗、努力进取，我们的生产力更谈不上发展。另外，试问对方辩友，如果不去消费，我们积累物资做什么用？

自由辩论时间（10分钟），两队累积各5分钟。

正方：紧着过日子，我们才可以节约，才不会随意浪费，请问对方辩手，你们不因为随意浪费、不知节约而感到愧疚吗？

反方:消费不等于浪费,消费也不等于不知节约,如果说消费等同于浪费,那么你、我,我们全世界的人岂不是都在犯罪,对方辩手请不要给我们妄加罪名。紧着过日子,守着钱不花,做一个现代版的守财奴葛朗台,才会使社会资源得不到有效利用,才会造成浪费,我要问了,如果对方辩手还坚持做一个守财奴,难道不感到愧疚吗?

正方:紧着过日不是要做守财奴,更不是把钱压倒枕头下发霉了也不花,紧着过日子是合理消费,不该花的不花,不该消费的不要消费,不该浪费的不浪费,合理节约,提高资源的使用效率才能使我们的企业减少成本,才能帮我们的社会得到长久持续发展。

反方:社会长久持续发展,恰恰需要消费,当前金融危机蔓延,我们的社会如何才能获得长久发展,才能抵挡住经济危机的冲击?如果我们每个人都捂紧钱袋子,我们的内需怎样拉动?我们的社会怎样才能长久持续发展?

正方:难道浪费就可以拉动内需?难道过度消费就可以拉动内需?得不到积累,我们坐吃山空,我们的社会同样难以得到持久发展,只有紧着过日子,节约资源,我们企业才能有资本继续扩大再生产,我们的社会才持久发展。

反方:我方再一次让强调我们所说的消费不是浪费,合理的消费是推动经济发展,拉动经济增长这辆马车主要动力。只有合理消费,才能在满足我们自己必要需求的同时促进社会的进步,推动社会主义市场经济的合理健康全面发展。

总结(8分钟),两队累计各4分钟。

正方:

我方观点是要勤俭节约,建设节约型社会,通过提高资源利用率,正确分配生产资料,有力地推动生产力的发展。没有艰苦奋斗,事业便无法成功;没有艰苦奋斗,未来的生活便不能有更大程度的提高。我方认为,应该反对过度消费,提倡可持续发展,提倡艰苦奋斗。艰苦奋斗是我们的光荣传统和美德,艰苦奋斗永远都不会过时,我们应该鼓励和提倡艰苦奋斗,艰苦奋斗不是不让消费,艰苦奋斗是我们紧着过日子的一种良好的节约态度。

反方:

我方观点是大可不必紧着过日子,应该提倡消费,鼓励消费。合理的消费不但不是坏事,并且恰恰相反,合理的消费可以拉动内需,提高资源的利用效率,促进经济进步和生产力的发展。在经济危机快速蔓延的今天,可能很多人害怕消费,不敢消费,希望靠节衣缩食来度过严冬,可是这恰恰拉长了我们的严冬。没有消费,就没有生产,经济就难以好转。刺激消费,扩大消费不但是我们消费观念的好的转变,对我们国家今天的市场经济也有积极的意义。

【动手小训练】

1. 针对"上大学是否是成才的重要途径"这一辩题,写出辩论稿,在班上组织一场辩论赛。

2. 正方:永不放弃就是胜利;反方:放弃也是种胜利。为这两方观点各写一篇一辩的陈词。

3. 以"网络的利与弊"为题,设计一份包含正反双方整个辩论过程的完整辩论词。

三 竞聘词

实用情境

吴蒙是××县人民医院的骨干护士,工作多年来表现一直很好。今年年底,现任护士长将要退休,为此,医院组织公开竞聘,具备条件的护

士都可以竞聘护士长一职。吴蒙自然是热门人选,按到通知后,她开始认真准备着她的竞聘词。

竞聘词是竞聘者在竞聘场上面对评审和听众时发表的演说文稿,它需要针对竞聘职位表明自己的竞聘条件、优势,以及对竞聘职位的认识,和就任后的工作设想等内容。

吴 蒙

一、竞聘词的特点

（一）目的的明确性

这是竞聘词区别于其他演讲词的主要特征。竞聘词需要一开始就鲜明地亮出自己所要竞聘的目标,整个演说都是为了这个目标获得成功。

（二）强烈的竞争性

竞聘的过程是听众根据竞聘者的发言,在候选人之间进行比较、筛选的过程,所以竞聘者要在竞聘词中尽量体现出自己的优势,甚至还要把原本"劣势"的方面换个角度进行表达,这样才能更好地从竞争中脱颖而出。例如没有当过班干部,可以说是缺乏经验,但也可以看成是贴近普通同学、亲和力强,初生牛犊不怕虎,有工作的激情。

（三）内容的程序性

竞聘词不像一般演讲词那么随意,它的内容一般分为以下五个程序:

1. 开门见山地表明自己所竞聘的职务和缘由。

2. 简洁地介绍自己的年龄、政治面貌、身份、现任职务等情况。

3. 展示自己优于他人的竞聘条件,如工作能力、组织能力、学习成绩、相关经验等,要具有较强的说服力。

4. 提出自己任职后的具体设想和措施,这是竞聘词的重点,应该讲得具体翔实,切实可行。

5.简洁地表明自己的决心和请求。

二、竞聘词的写作格式

（一）标题

一般写"竞聘词"三个字，或者前面加上具体内容，如"竞选班长的竞聘词"。

（二）称谓

在标题下一行左侧顶格写上竞聘现场对听众的称呼，如"尊敬的各位领导，在座的各位同学"。

（三）正文

正文包含开头、主体和结尾。

开头主要是表达谢意、介绍自己及竞聘目的，应该在短时间内迅速吸引观众的注意。

主体主要介绍自己的应聘条件，优势和个人特点，并表述任职后的打算和工作规划。这部分是重点，要紧紧围绕听众最关心的热点问题，提出明确的目标和切实可行的措施。

结尾主要是表明对竞聘成败的态度，表达对竞聘的信心，并希望大家支持。

【例文】

竞聘词

各位尊敬的老师们、亲爱的同学们：

大家好！

我是×班的×××，今天非常荣幸，能站在这里，发表我的竞选演说。我希望竞选的职位是学生会宣传部长。首先介绍一下自己，我来自××××，是来自老区的一个学子。

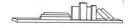

　　我从小就爱画画,过去曾担任学习委员。在××中学,我积极参加学校活动,曾被聘为记者、播音员、通讯员,为学校的宣传工作作出了应有的贡献。在年度工作总结中,我总是能获得××××等奖励;我多才多艺,出口成章没问题,唱唱歌儿难不倒我,较好的外语水平更使我有信心在宣传工作上建功立业。我性格活泼外向,人缘挺好,老师和同学们都喜欢我。我是学校的公益大使,有一定的知名度。尽管我没有做过团委和学生会的工作,经验有些不足,但人才是培养出来、锻炼出来的,所以我来了。这次校学生会的竞选就是一次锻炼自我的机会——不仅仅是以后参加学生会工作,现在正在进行的竞选演说不都是一种锻炼吗?为了不辜负所有人对我的希望,为了自己的远大目标,我要从身边的事做起,从自己力所能及的事做起,去塑造自己,发展自己,逐步提高自己的才能。与此同时,我也服务了大众,献出了自己微薄的力量!

　　如果我有幸当选,我将在任期内,完成学生会交给我的各项工作。大家知道我们党的基本路线是"一个中心、两个基本点",我们宣传部工作的指导思想也将是"一个中心、两个基本点",并做到"三个加强"。

　　什么叫"一个中心,两个基本点"呢? 一是引进来。我们在校园里,同时也要关注外部世界的动态,用各兄弟学校的先进经验来丰富我们的头脑,大刀阔斧地改革。比如,进一步建好广播站,委任有能力的站长,借鉴电台的传媒播音方法,丰富同学们的精神生活;完善记者站,提高学生会新闻采访小组的知名度,采好稿,上档次,将校刊办成特色精品,贯彻好上级宣传工作精神,用正确的舆论引导人;宣传好党的路线、方针、政策,宣传好学校的教学、管理、科研和改革成果。经常组织形势报告会、思想教育报告会,定期召开思想政治经验交流会,为学校改进和加强思想政治工作提出意见;收集信息,编发简报,交流情况;拟定好精神文明建设规划,及时总结推广精神文明方面的经验,推进全校精神文明建设。二是走出去。引进了外部的先进技术经验,建成有特色的宣传模式以后,我们还必须走出校园,放眼社会。让我们认识社会,也要让社会认识我们。我们将成立外联宣传组,多方开展与团体、社区、兄弟学校学生会的联谊、竞技、辩论、扶贫帮困等活动。三是将两者结合。引进来与走出去是相辅相成、紧密相连的。两者统一于一个中心,那就是一个"活"字。我们所有的工作,最终目的都是让同学们从忙碌的学习中解放出来,让学生会从守旧的管理模式中解放出来,让整个宣传部,整个学生会,整个校院"活"起来。

"三个强化"一是强化自身:从自身做起,严格管理自己,起带头作用;遵守学生会纪律,服从上级领导。二是强化负责精神:做事公平、公正、不偏私、不袒护,对工作认真负责。三是强化综合协调:与学生会每一个成员积极合作、配合,共同努力,让学生会成为全校亮点。

自信是走向成功之路的第一步,我相信我能胜任这个职务,而且能做好此项工作,我一定会抱着一颗正直的心,专心致志于自己的工作,请学长们信任你们的学弟学妹,我们一定能干好!也请同学们相信我们自己,我们是有能力的。一个篱笆三个桩,一个好汉三个帮,有了大家的信任和支持,我们的学生会一定会越办越好!请大家支持我,记住,我叫×××,我竞选的职位是学生会宣传部长。希望大家支持我,投我一票。谢谢!

【动手小训练】

　　1.写一篇竞选班长的竞聘词。

　　2.写一篇竞争学校篮球协会会长职务的竞聘词。

实用情境回眸

　　两天后,吴蒙的竞聘词写好了。她写得怎么样呢,大家给她提提意见和建议吧!

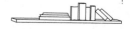

竞聘词

尊敬的各位领导、各位同仁：

下午好！

首先我要感谢医院领导给予我今天参与公平竞争的机会，俗话说"没有竞争就没有进步"。今天我踌躇满志地站在演讲台上，以一颗全心全意为病人服务、敢担责任、开拓创新的心态参与竞争，接受各位领导和全体同仁的评审和评定，希望能得到大家的认可。

我叫吴蒙，现年38岁，现在心内科从事临床护理工作。我于1993年毕业于××市卫校，同年分配到我县中医院工作，于1999年调到我院，曾在心内科、消化内科、骨伤科、普外科、甲乳外科从事临床护理工作。2010年，我到重庆市第三军医大学进修血液透析，曾在护士长进修期间担任代理护士长管理科室工作。并已于2006年被聘为科室的骨干护士，同年被评为医院先进工作者。

我虽然没有辉煌的过去，也没有骄人的成绩，但19年不同的工作岗位、不同的工作经历使我养成了吃苦耐劳、勇于挑战、甘于奉献的工作作风；培养了我认真负责、实事求是的工作态度；形成了我积极热情、不畏艰难、乐观向上的生活态度。

护理工作是一项艰辛而繁琐的工作，其间虽有许多泪水与酸楚，但我却在与病人在接触中产生了深厚的感情。每当看见生命垂危的病人在我的精心护理下转危为安的时候；每当看见病人由愁眉苦脸到欢声笑语出院的时候，我心里有说不出的高兴，我由衷喜欢并热爱护理这项工作。因为它不但可以实现救死扶伤的人道主义精神，更重要的是我从中体会了"送人玫瑰手有余香"的快乐，在忙碌的工作中实现了自己的人生价值。

参加这次护士长竞聘，我自信有以下几个优势和条件能够胜任这个职务：

一、有一定的政治素养和良好的个人品质。

作为一名护理本科在读的护理工作者我具有年青的思维,容易接受新生事物和吸收新知识,能够始终保持坚定的政治立场和较高的政治敏感性,紧跟时代步伐,勇于开展批评与自我批评,始终把工作立足于"一切为了病人,为了病人的一切"。同时我为人正直、待人真诚、处事温和、善交朋友,上敬领导,下和同事,顾大体,识大局,不计较个人得失,有较强的群众基础。

二、有丰富的专业知识和较强的实际工作能力。

在工作中我勤奋好学,不但完成了护理大专阶段的理论知识学习,取得大专文凭,还积极报考了护理本科学习,通过系统的专业知识的学习,结合临床实践,成为了科室的护理骨干。在工作中我积极参加科室危重病人的急诊急救工作,以熟练的操作技能、扎实的理论知识、良好的沟通技巧赢得了病人的赞誉。得到了科室主任、护士长以及同事的一致好评。

作为科室高年资、高职称的护士之一,在工作中我积极参与科室的护理质量控制与管理,在护士长的指导下组织开展科室的业务学习,召开病员公休座谈会,及时了解病人需求,协助护士长解决护患矛盾,以身作则做好科室新进护士的带教工作,成为了护士长的左膀右臂。对护士长的管理工作有了较深的理解和认识。

三、有较强的工作协调能力和适应新工作的能力。

在多年的工作中,因为工作需要我服从领导安排多次转换科室,承担新的工作任务,每次我都能很好的调整心态,以饱满的工作热情、认真负责的工作态度、严谨的工作作风,很快掌握新的工作技术,适应新的工作要求,迎接新的挑战,努力完成护士长交给我的工作任务。

如果这次我能竞聘成功,在今后的工作中我将以"三个服从"来严格要求自己,即个性服从共性,感情服从原则,主观服从客观。努力使科室工作管理制度化,服务优质化,效益明显化。

尊敬的各位领导、各位同仁,你们的信任和支持是对我最大的鼓励,

衷心感谢大家给我这次竞争的机会。这次竞聘,使我对过去的工作有了认真的回顾和反思。无论这次竞聘是否成功,我都将以此为新的起点,勤奋学习、扎实工作,胜不骄、败不馁!我愿与大家共同创造美好未来,迎接我们医院辉煌灿烂的明天。

　　谢谢大家!

第五章

尊重、友善的集中表达
——社交礼仪类

一 感谢信 慰问信

感谢信

　　××机电工程有限公司员工张雷在一次出差回来途中，不慎将自己的背包遗落在所乘坐的××次高铁的行李架上。由于包内的笔记本电脑和U盘中存储着相当重要的商业信息，张雷十分着急。就在张雷回到公司的当天，××次列车的列车长联系到了张雷，通知他到火车站取自己的背包。找到失而复得的背包张雷十分感激列车长和列车乘务员，决定写一封感谢信表达自己的感激之情。

张 雷

感谢信是单位或个人以书信的形式对受到的关心、帮助和支援表示衷心的感谢的一种书信体日常实用文。

感谢信常以信函的形式写给被感谢的单位或个人,也可以张贴或借助新闻媒介进行传播。它一般是通过陈述得到关心、帮助的事实和感人事迹,感谢赞扬给予自己帮助的对方的高尚品行和可贵精神,使其感人事迹和品行在社会上得以宣传、弘扬。

感谢信的格式

(一)标题

第一行的正中用较大的字号写上"感谢信"三个字,或"致×××的感谢信"。

(二)称谓

第二行顶格写对方单位名称或个人姓名,姓名后面可以加适当的称呼,如"同志"、"老师"、"先生"等,称呼后用冒号。

(三)正文

在称谓下一行空两格开始写。这是感谢信的主要部分,首先要写清楚对方在什么时间,什么地点,由于什么原因,做了什么好事,对个人或单位有什么支持和帮助,事情有什么好的结果和影响。其次应当热情地赞扬对方助人为乐等可贵精神,并表示向对方学习的态度和决心。

(四)结尾

写上表示敬意与感激的话语,如"表示衷心的感谢"、"致以最诚挚的谢意"等。有的在正文左下方另起一行空两格,写上"此致",换一行顶格写上"敬礼"。

(五)落款

在结尾右下方写明感谢单位或个人姓名,以单位名义写的为表示郑重,有时需加盖公章。在其下一行写上日期。

【例文】

爱心募捐感谢信

尊敬的老师、同学和好心人们：

您们好！

请接受人文学院 08 级汉语言 2 班全体同学对您们的无私帮助和慷慨解囊由衷的谢意！

"灾难无情，人间有爱；风雨同舟，守望相助！" 5 月 27 日晚，车祸震撼着每个人的心灵。我班××同学发生车祸，消息传到学校，当晚校院领导和师生们纷纷询问详情，对此事十分关心。在此，08 级汉语言 2 班全体同学谨代表××同学及其家人，向所有关心和帮助他的人表示最真诚的感谢和最崇高的敬意！

由于××病情严重，家庭贫困，父亲患有胃癌，母亲也常年患病，无力承担巨额费用，为了帮助他的家庭渡过难关，汉语言文学 2 班的全体同学发起了名为"爱心守望，一起同行"的募捐活动。为了便于募捐活动的进行，自 6 月 2 日至 6 月 4 日，我们在明德、里仁门口、新老校区食堂门口设立了临时捐款箱，在全校范围内募捐，接受全校老师、同学和好心人们的捐款。

6 月 2 日上午 10 点，在 08 汉语言 2 班师生的倡议下，在《爱的奉献》的旋律中，募捐活动正式开始。活动一开始全校师生立刻行动起来，伸出热情援手，"一分不少，百元不多"，大家纷纷慷慨解囊。活动现场还不时有当地群众自发地走向捐款箱献出自己的一份爱心。在本次捐款活动中涌现出了很多感人的瞬间：一位不留名的老师一次性捐款 500 元；6 月 4 日下午会泽老乡会发动全部老乡为××同学捐款；同时有很多同学在自己生活都比较困难的情况下，还从生活费中挤出 10 元、5 元、3 元、1 元……这是心的呼唤，这是爱的奉献。

6 月 2 日至 6 月 4 日，捐款总额已达到×××元。

在这里，人文学院08级汉语言2班全体同学十分感谢所有关心、支持和帮助××同学的好心人。是你们热情的问候、无私的帮助，让他感受到同窗情谊的真挚和红河学院这个大家庭的温暖；是您们点燃了他生活的希望和曙光；同样是你们给了他战胜病魔的决心和意志。我们坚信，有大家一如既往的支持和关心，有大家美好的祝福和期盼，他一定能战胜病魔，早日康复！

现场募捐已经结束，但对××同学的爱心救助仍在进行。如果您还愿意为他提供帮助，可通过电话联系他的家人，号码：××××。

在此，全体同学替××同学及其家人向所有参加爱心募捐的好心人们表示衷心地感谢！并且祝所有的好心人身体健康、学习进步、工作顺利、永远平安！

致以最崇高的敬意和最衷心的感谢！

人文学院08级汉语言二班全体同学

2010年6月5日

【动手小训练】

1. 你由家乡来到学校途中，因身体不适晕车呕吐，车到学校后，行李又丢在了车上。幸得同车的高一(二)班同学李新照顾，并为你找回行李。为此，你十分感激他，试写一封张贴在学校宣传栏的感谢信。

2. 写一封给班主任老师的感谢信。

实用情境回眸

几天后，张雷写好了感谢信。信的内容是这样的：

感谢信

尊敬的××次列车长孙红女士及全体乘务员：

  我于 2012 年 8 月 27 日下午 15∶55，乘高铁××次列车到达××火车站，由于我一时的疏忽，下车时不慎将自己背包遗落在列车的行李架上。包里有商务笔记本电脑一台及一些其他物品，还有一只 U 盘。在离开火车站约 20 分钟后我才发现自己的背包落在了列车上，正当我万分焦急的时候，列车长给我打来电话，告诉我背包在列车上忘记了带走，要我第二天到火车站去取。当时我就急切询问您的尊姓大名，您只告诉我您是列车长，这是您应该做的，在我再三恳求下，您才勉强告诉我，您姓孙。此时我的心中肃然升起一种无比感激之情。

  在高兴与激动之余，我深深被您这种急他人所急的高尚品质感动。您的行为也再次体现了我们中华民族拾金不昧的传统美德。

  最后，我要向您和全体乘务员同志致以最诚挚的感谢，并祝大家工作顺利，永远平安！

  此致
敬礼！

××机电工程有限公司　张　雷
2012 年 9 月 1 日

慰问信

  慰问信是一种比较常用的专用书信，它是单位或者个人，以组织或个人的名义在他人处于特殊情况下（如战争、自然灾害、事故），或在节

假日,向对方表示问候、关心的应用文体。慰问信包括两种:一种是表示同情安慰;另一种是表示节日问候。慰问信的语气很重要,应比一般书信更亲切、真挚,或者更为鼓舞人心才行。字里行间应当流露出一种真情,如春风化雨般暖人心灵。

写慰问信,针对不同的对象,要根据不同的情况而写。如在抗震救灾中,若是针对灾区人民,慰问信就应当表达对他们的同情、安慰和支持;若是针对进行抗震救灾的工作者们,表达的就应当是对他们工作的肯定,并鼓励他们再接再厉,为人民服务。

慰问信的格式:

(一)标题

第一行的正中用较大的字号写上"慰问信"三个字,或"致×××的慰问信"。

(二)称谓

第二行顶格写被慰问单位名称或个人姓名,称呼后用冒号。

(三)正文

在称谓下一行空两格开始写。这是慰问信的主要部分,开头一般应交代写作慰问信的背景或原因。之后根据慰问对象和目的有三种写法:

1.简述对方的先进影响及意义,表示赞扬。

2.简述遭受灾难的情况,表达关切和慰问,鼓励对方克服困难、战胜灾害,并表达良好的祝愿。

3.概述节日的意义并表示问候和祝愿,赞扬对方在某一行业、领域内取得的成绩和作出的贡献。

(四)结尾

通常写上表示祝愿和希望的用语,全文也可在正文部分自然收束,不专写结尾部分。

(五)落款

在结尾右下方写明慰问单位或个人姓名,以单位名义写的为表示郑重,有时需加盖公章。在其下一行写上日期。

【例文】

慰问信

尊敬的全校教师及家属：

你们好！

踏着金秋的脚步，我们迎来了第二十一个教师节，在这值得纪念的日子里，我们没有豪言、没有壮语，我们所能表示的只是满怀真诚、满怀敬意地道一声：你们辛苦了！你们用心血和汗水培育了我们未来的希望，这是我们值得庆贺的理由，也是我们感到崇高和伟大的原因，我们没有理由不为自己神圣的使命庆贺。

尊敬的老师们，我们心里都有一个梦，一个只有用自己的双手才能完成的梦。在已经成为记忆的日子里，我们披星戴月，我们把孩子们的希望当成我们的希望，我们没有怨言、没有放弃，我们所能做的就是教育平凡的生命学会感恩、学会敬畏、学会生存……面对过去，如果要我们说几句话，那就是我们用真诚、真心、真爱、真知完成了我们的使命。因为教育承载着国家和民族的希望，我们所追求的就是为懵懂的灵魂打开一扇文明的窗，为我们的生活增添一份成功的欣喜。

长期以来，我们的老师淡泊名利，无私奉献，执著追求，开拓创新。我们不敢自诩有多高的师德，有多灼眼的成绩，但是我们以学生的发展为目的，以自己的人格为学生撑起理想的大厦，用自己的汗水灌溉一片希望的生命。我们不敢说，我们为祖国的教育事业作了多么伟大的贡献，为我们的教育事业开启了多少绿灯，但是我们在自己平凡的岗位上贡献着平凡的生命激情。今天，我们有理由为自己过一个生日，尽管没有鲜花，没有掌声。教师本身就不是为掌声和鲜花而努力，我们追求的就是"仰不愧于天，俯不怍于人"。我们用自己汗水养活自己，也慰藉他人。

尊敬的家属们，我们学校过去的一年是极不平常的一年，是我们为

093

快速格式化——常见文体范例

自己开拓天地的一年,是我们为成就事业努力拼搏的一年。我们的老师为了工作,冷落了亲人和家庭,我们的老师也想享受自由的生命,也想孝敬父母,也想把无微不至的关爱留给孩子,但是我们的事业,让我们的脚步不能停息,我们面对渴求知识的眼神无法不动心,无法不努力。保山中学的家属们,你们是学校的后备力量,你们默默地为学校的发展贡献着自己的理解和汗水,我们所能奉上的也只有乏力的感激。希望您们在今后的日子里一如既往地支持和理解我们!

最后祝:全校老师和家属身体健康! 心想事成! 万事如意!

此致
敬礼!

保山中学

2006 年 9 月 10 日

致家在地震灾区学生的慰问信

亲爱的同学们:

正当我们紧张刻苦地学习,满怀喜悦地迎接奥运圣火的时候,一场突发的自然灾害降临到了四川省汶川县及周边地区。7.8 级的地震造成了严重的人员伤亡,摧毁了房屋,中断了通讯,给受灾地区的饮水饮食、电力供应、交通运输和工农业生产都带来了严重的影响。在此,学工处、团委以及学生会代表我院全体学生向地震灾区的学生表示慰问,并通过你们向广大灾区人民表示亲切的慰问!

震灾无情人有情。在此紧急关头,全国人民都已经行动起来,在党和政府的领导下,万众一心抗灾救灾。灾害发生后,中共中央总书记胡锦涛立即作出重要指示，要求尽快抢救伤员，保证灾区人民生命安全；国务院总理温家宝随即赶赴灾区指导救灾工作；各级政府、全军和武警部队也迅速行动起来，抗震救灾工作取得很大成效。

为了确保我院每个学生的安全，并快速高效地开展各项防御地震灾害和灾情的救助工作，学校迅速行动起来，相继召开专题会议、发出通知，开展全面排查工作，通过学工处（部）、团委、学生会、各院系、辅导员、班主任等，确保联系到每一位师生员工，尤其是家在灾区或者亲人在灾区工作、学习的同学，去灾区出差、学习、实习就业的05级学生。详细具体地了解同学们目前的人身安全和生活状况。各位灾区的同学们，我们深深地体会到你们现在的心情，理解你们家庭受灾甚至至今无法与家人取得联系的痛苦与焦急。灾难无情人有情，陶瓷工艺美院就是你们的家，老师是你们的家长，同学们都是兄弟姐妹，我们就在你们身边！请把困难告诉我们，请把焦虑告诉我们，我们随时愿意伸出援助之手，帮助你们一同走过困难、克服灾难！也请你们把全国人民齐心救灾、全校师生齐心援助的消息告诉你们身处灾区的亲人们，让他们一定放心、等待救援。

亲爱的同学们！"天行健，君子以自强不息"。在灾害面前，最重要的是镇定、有信心、有勇气。希望你们坚定信念，沉着镇定，以自强自立的精神面对困难，战胜灾害。请你们坚信：有党中央、国务院的坚强领导，有全国人民的无私支援，有当地党委、政府的统一领导和精心组织，我们就一定能够取得抗震救灾的最后胜利！

众志成城，同舟共济，与灾区人民心连心，衷心祝愿你们及你们的家人战胜这次特大自然灾害，早日重建家园。

学生工作处（部）　院团委　学生会
2008 年 5 月 14 日

快速格式化——常见文体范例

【动手小训练】

1.中秋节要到了,请以校领导的语气给全校不能回家过节的外地同学写一封慰问信。

2.向玉树地震灾区的灾民们写一封慰问信。

二 欢迎词

实用情境

××市幸福社区请到了著名法学教授牟昆老师来为社区群众做一次法律讲座,接待事宜都已经准备得差不多了,致欢迎词的任务落到了社区宣传骨干徐东丽的身上。徐东丽知道牟昆教授是从本市走出去的全国知名学者,为了写好这份欢迎词,徐东丽查阅了不少资料,对牟教授有了更多的了解,然后才开始撰写欢迎词。

徐东丽

欢迎词,是指客人光临时,主人为表示热烈的欢迎,在座谈会、典礼、宴会等场合发表的热情友好的讲话。欢迎词可以传达对对方的欢迎、热情、尊重和礼节,以达到增进沟通、交流情感的目的。

一、欢迎词的写作要求

(一)看对象说话

欢迎词多用于对外交往。在各种社会组织的对外交往中,所迎接的宾客可能是多方面的,如上级领导、检查团、考察团等。来访目的不同,欢迎的情由也应不同。欢迎词要有针对性,看对象说话,表达不同的情谊。

（二）看场合说话

欢迎的场合、仪式也是多种多样的，有隆重的欢迎大会、酒会、宴会、记者招待会；有一般的座谈会、展销会等。欢迎词要看场合说话。该严肃则严肃，该轻松则轻松。

（三）热情而不失分寸

欢迎应出于真心实意，热情、谦逊、有礼。语言亲切，饱含真情。注意分寸，不卑不亢。

二、欢迎词的写作格式

欢迎词的结构由标题、称呼、开头、正文、结语、落款六部分构成。

（一）标题

标题位于第一行居中位置，字号稍大。有两种形式：

1. 采用"致词人＋事由＋文种"做标题，如"王校长在校庆典礼上的欢迎词"；或以"仪式名称＋文种"做标题，如"第八届中国国际杂技艺术节欢迎词"。

2. 直接用"欢迎词"作标题。

（二）称谓

标题下一行顶格写对欢迎对象的称呼，后加冒号。姓名要写全，也可用泛称，如"各位来宾"、"朋友们"、"女士们、先生们"等。为表示尊重，在姓名前常加上"尊敬的"、"敬爱的"等敬语表示亲切；后面加上职位或"先生"、"女士"等称呼。

（三）开头

一般写明致词人以什么身份，代表谁，对谁表示热烈欢迎，表示对客人诚挚的问候和致意。

（四）正文

写明活动或会议的宗旨，意义与作用。或简述双方交往的友谊，合作的成果；或谈及当前和今后双方共同关心的话题等。

（五）结语

一般用简洁的句子祝愿活动圆满成功，或者祝愿来宾生活愉快，并另起段落以"谢谢大家！""谢谢各位！"这样的礼仪结语结束全文。

【例文】

周恩来总理在欢迎尼克松总统宴会上的欢迎词

（1972 年 2 月 21 日）

总统先生、尼克松夫人，女士们、先生们，同志们、朋友们：

首先，我高兴地代表毛泽东主席和中国政府向尼克松总统和夫人，以及其他的客人们表示欢迎。

同时，我也想利用这个机会代表中国人民向远在太平洋彼岸的美国人民致以亲切的问候。

尼克松总统应中国政府的邀请，前来我国访问，使两国领导人有机会直接会晤，谋求两国关系正常化，并对共同关心的问题交换意见。这是符合中美两国人民愿望的积极行动，这在中美两国关系史上是一个创举。

美国人民是伟大的人民。中国人民是伟大的人民。我们两国人民一向是友好的……

中美两国的社会制度根本不同，在中美两国政府之间存在着巨大分歧。但是……我们希望，通过双方坦率地交换意见，弄清楚彼此之间的分歧，努力寻找共同点，使我们两国的关系能够有一个好的开始。

最后我建议：

为尼克松总统和夫人的健康，

为其他美国客人们的健康，

为在座的所有朋友和同志们的健康，

为中美两国之间的友谊，

干杯！

致新同学的欢迎词

亲爱的新同学：

一路艰辛跋涉，一路满怀希望。在这个秋风送爽、丹桂飘香的美好季节，你们怀着新的喜悦、揣着新的憧憬，带着新的追求，走进了朝气蓬勃的黔南大学城市学院，走进了宁静和谐的大学校园。年轻的城院张开双臂拥抱你们！欢迎你成为这个大家庭中的一员！

大学生活，将是你人生中一个崭新的起点，一个飞跃的起点，一个翱翔的起点，一个让你能量迸发的起点。大学是一首诗，一首深藏在田野里的抒情诗，读着它，你会感受到艰难玉成的至理；大学是一幅画，一幅镌刻在大山里的写意画，看着它，你会感受到奋斗着的美丽；大学是一支歌，一支流行在校园里的好汉歌，唱着它，你会感受到人生幸福的愉悦。

大学之大，大师之谓也。是的，"大学者，非谓有大楼之谓也，有大师之谓也"。细心体察，你将会发现，这校园里，不仅有一栋栋拔地而起的教学楼、一条条宽敞的人行道，四季常青的大树、四时不败的鲜花，更宝贵的是，她还拥有教学经验丰富、师德修养高尚、治学执教严谨、管理服务科学的教职工队伍。他们秉承"厚学养德、树人育才"的校训，坚持"教书育人、管理育人、服务育人"的理念，以他们付出的心血与智慧，让每一位学生健康、快乐、成才。办学七年来，城市学院已向社会输送了本、专科毕业生9000多人，历年本科毕业生学士学位授予率达82%以上，先后有250人考取了全国重点院校的硕士研究生。今天的城院，已赢得了社会各界的广泛赞誉，获得了一流独立学院名校的殊荣。

同学们，你们即将与学院一起开始新的成长。你们的理想将在这里延伸，你们的本领将在这里练就，你们的价值就在这里提升，你们的才华就在这里展露。古诗云："千江有水千江月，万里无云万里天。"这就是一种思路，一种胸怀。亲爱的新同学，我们期待着你们，期待你们升华出

诗一般的境界,滋养出海一般的胸怀。

亲爱的新同学,让我们一起奠定无坚不摧的知识基石,让我们一起拂动翱翔蓝天的浩浩长风,让我们携起手来,共度大学的美好时光! 今天,你是城院莘莘学子中的一朵浪花;明天,你将是城院熠熠生辉的丰碑上最耀眼的一个名字!

城院欢迎你——亲爱的同学!

黔南大学城市学院

2010 年 9 月 2 日

【动手小训练】

1. 伦敦奥运会上中国健儿取得了很好的成绩,假如游泳冠军孙杨要到你校为中学生作报告,请以全校同学的名义写一篇欢迎词。

2. 国家残疾人艺术团要到本市演出,请写一篇欢迎词,正文中特别要突出艺术团演出的意义。

实用情境回眸

10 月 12 日,牟昆教授来到了幸福社区。在社区礼堂,由徐东丽作为社区代表致欢迎词,她的发言是这样的:

欢迎词

各位女士、各位先生:

今天,我们非常荣幸地邀请来了牟昆教授为我们做一次法律讲座,使我们有一次与法律专家直接交流与对话的机会。我谨代表社区全体成员,对牟教授的到来表示热烈的欢迎和由衷的感谢!

牟昆教授是我国著名法学家,宪法学界前辈。牟教授长期从事宪法学的教学与研究,培养了大批宪法学人才,在学界享有很高的声誉。牟教授与我市渊源深厚,他 1987 年毕业于我市××大学。如今故地重游,想必牟教授一定有许多的感慨。牟教授曾经说过,一个人的成长有主客观两个方面,但无论顺境还是逆境,关键还是靠自己。此外,他还说过,为学者首先要学会做人。今天我们在这里不仅能聆听牟教授关于法律方面的讲解,在做人做学问方面,也将受益颇多。

　　牟昆教授在法学教育领域默默耕耘多年,播撒法学理念、畅言人间正道、弘扬法制精神。希望今天,我们大家一起在聆听中成长、启迪中感悟、敬仰中前行。

　　下面让我们以热烈的掌声,欢迎牟教授做讲座。

快速格式化——常见文体范例

第六章

规划生活需要它

——事务实用类

一 计划

实用情境

　　××公司要求各个部门在 2012 年年底之前提交 2013 年工作计划。王丽是公司行政部的负责人,她认真总结了 2012 年行政部的工作,并思考了 2013 年的主要工作,争取制定一份切实可行的年度工作计划。

　　"凡事预则立,不预则废",我们在学习、生活中都需要有计划。有了计划,就有了奋斗的目标和方向,可以增强我们的自觉性和创造精神。

　　计划是各级机关、单位、社会团体和个人对未来一定时期内的活动拟订出实现的目标、内容、步骤、措施和完成期限的一种事务实用文体。"计划"是一个统称,常见的"安排"、"打算"、"设想"、"规划"、"方案"等也属于计划的范畴。

一、计划的特点

(一)预想性

制订计划要有科学的预见,依据对实际情况的分析,对未来一定时期的目标作出预想性安排。但它并非一成不变,可以在实际执行中根据变化进行适当修订。

(二)可行性

计划是为了实现而制订的,所以各项指标及措施的设置必须建立在必要并且可能实施的前提下,不要好高骛远,要具有可操作性、实用性。

(三)明确性

计划中的目标、任务、步骤、措施都必须十分明确,不能含混。明确的计划才能让人行有所依,不至于引起歧义和执行的混乱。

(四)指导性

计划一旦成文,就要对实践活动起到控制和约束作用,因此具有指导性。

二、计划的写作格式

(一)标题

完整的标题由"单位/个人名称 + 时限 + 事由 + 文种"构成,放在第一行居中,字号稍大,如"××学校2010年安全保卫工作计划"。

也可以省略前两个部分,直接写"学习计划"、"暑假读书计划"等。

(二)正文

正文分为前言、主体、结尾三部分。主要体现三个要素:计划的依据(为什么做),目标和任务(做什么),方法、步骤和措施(怎么做)。

1. 前言是计划的开头部分,用简明扼要的文字说明"为什么做"的问题。主要交代制订计划的依据、目的和要求、指导思想或背景材料等。

2. 主体部分主要说明"做什么"和"怎么做",这是计划的重点所在。主体部分应写出在一定时间内要完成的任务,要达到的指标,包括数量、质量、程度、时间期限等,及为完成任务所采取的方法措施,包括具体做

法、时间、人力分配、实施步骤等。可采取条文式、分部式、贯通式、表格式等写法。

3.结尾可以展望计划实现的前景,给人以鼓舞,或提出希望、号召。有时这部分可以省略不写。

（三）落款

在正文右下方写计划制订者的名称,下一行写上日期。

【例文】

县一中绿叶文学社2010学年第二学期活动计划

为了落实学校关于积极开展课外学科活动的决定,全面提高文学社成员的文学素养,我社制订本学期活动计划如下:

一、任务和要求

（一）通过各项活动,进一步调动同学们学习语文的兴趣,提高听说读写能力,培养文学新秀。

（二）把读书、实践、练笔三者紧密结合起来,增长知识,丰富素材,写好作文。

（三）继续办好文学社社刊《绿叶》,保证每月一期,按时编辑出版。

（四）健全文学社领导机构,组织安排好文学社活动并协助学校开展的各项文学活动。

二、措施

（一）本学期举办两次文学作品欣赏会,两次创作指导讲座(请市文联两位作家主讲)。

（二）组织赏花游园活动,并出一期《绿叶》赏花诗文专刊(由编委会负责)。

（三）与兄弟学校文学社加强联系,互相交流办社经验,共同提高文学社水平(由外联部负责)。

（四）积极参加本学期全国"长城杯"、华东区"泰山杯"中学生作文比赛。每位社员至少写一篇参赛作文,文学社从中推荐10篇参赛并力争获奖(由社委会负责)。

（五）积极争取学校团委和学生会的支持,多方筹集活动经费(由社委会负责)。

（六）做好发展新社员工作(由社委会负责)。

县一中绿叶文学社秘书组

2010 年 3 月 5 日

【动手小训练】

1. 写一份个人本学期学习计划。

2. 根据自己的兴趣爱好,写一份暑期读书计划。

3. 以班委会的名义,写一份班级半年工作计划。

实用情境回眸

几天后,王丽写好了行政部 2013 年的年度工作计划:

行政部 2013 年度工作计划

为了使行政部更好地完成各项工作,更好地为公司员工服务,同时为了使公司管理更加规范化,行政部特拟订了 2013 年工作计划:

一、行政部自身建设。

行政工作作为企业发展的动力源,自身的正规化建设十分重要,因此,行政部在 2013 年将大力加强本部门内部管理和规范。具体目标为:

1. 完善部门组织职能。

快速格式化——常见文体范例

2.完成部门人员配备。

3.提升行政从业人员专业技能和业务素质。

二、建立公司内部沟通机制。

1.建立民主评议机制。行政部计划在 2013 年对公司部门主管进行民主评议。主要从主管工作作风、工作能力、工作效率、工作成绩、模范作用、员工信任度等方面进行综合评议。评议结果作为年度部门主管绩效评价参考依据之一。

2.规范使用《工作协调单》。目前部门间的信息传递多用口头传达,容易造成因一方忘记而导致工作疏忽和责任不清的问题,从而造成误会与矛盾,不利于工作的开展。行政部计划在2013 年实现对《工作协调单》的规范使用,用书面形式协调部门间的相应工作。

3.其他沟通机制的完善。如员工满意度调查、部门经理会议等传统沟通机制,行政部将继续保持和完善。

三、完善员工培训制度。

员工培训是培养员工忠诚度、增强凝聚力的方法之一。通过对员工的培训与开发,员工的工作技能、知识层次和工作效率、工作品质都将进一步加强,从而全面提高公司的综合竞争力。

王 丽

1.大力加强员工岗位知识、技能和素质培训,加大内部人才开发力度。

2.培训不能形式化,要做到有培训、有考核、有提高。行政部应注意培训后的考评组织和工作绩效观察。其结果存入员工个人培训档案,作为员工绩效考核、升迁和调薪、解聘的依据之一。

　　以上是行政部在 2013 年要完成的几项重点工作,除此之外,行政部将一如既往地完成各项日常工作,为各位员工服务!

行政部　王丽

2012 年 12 月 20 日

二　总结

实用情境

　　伴随着近几年的"公务员考试热",很多人都加入到了"国考"大军中。路涛就很幸运地从一个公司考入了某机关单位。2012 年,他成为了该单位办公室的一名工作人员。如今到了年底,路涛要写一份 2012 年的工作总结,为此,路涛仔细回顾了他过去一年的工作。

　　总结是各级机关、单位、团体、个人通过对过去一阶段工作的回顾、反思和分析评价,找出成绩和问题、经验与教训,用以指导今后工作的一种事务实用文体。总结有时还称为"小结"、"回顾"、"体会"、"经验"等。

　　"事先做计划,事后做总结",这已经成为常规。总结是在某一工作或任务结束或告一段落之后进行的,它要对已做过的工作进行全面的回顾,由感性认识上升到理性认识,以便肯定成绩,发现问题,吸取经验教训,使我

路　涛

快速格式化——常见文体范例

们今后的工作、学习少走弯路，多出成果。

一、总结的特点

（一）客观性

总结一般是以本单位、本部门或自己的工作为对象，对自己某一阶段的工作进行回顾和分析，因此，总结的内容必须客观真实，必须符合工作实际。

（二）理论性

总结的目的不仅仅在于回顾过去的情况，更重要的是在此基础上找出成功的经验和失败的教训，因此，写总结应站在一定的理论高度对过去进行科学分析和归纳总结。

（三）简明性

总结是对本单位、本部门或自己的工作的回顾和评述，因此应采用夹叙夹议的写法，简明扼要地进行归纳总结，概述应精练，不需多方论证。

二、总结的写作格式

（一）标题

放在第一行居中，字号稍大。标题的形式有三种：一是公文式标题，单位或个人名称＋时限＋事项＋文种，如《学校书法社 2010 年学练书法总结》；二是文章式标题，常采用正副标题的形式，如《对中学生影评的思考与探索——我校影评小组工作总结》。

（二）正文

正文通常包括前言、主体和结尾三部分。

1. 前言。一般介绍基本情况，或交代总结主旨并作出基本评价。要求简明扼要，紧扣中心。

2. 主体。主体主要是说明"做了什么"、"做得怎样"。内容包括：一是做法、成绩和经验，二是问题与教训。

主体部分写作结构常用：

（1）分部式，如"情况—成绩—经验—问题—意见"、"主旨—做法—效果—体会"。

（2）阶段式，把工作或学习过程按时间顺序或进程划分几个阶段来写。

（3）总分式，先概述主要情况后，再逐条逐项排列，或以经验体会为序分条列项，或以工作项目、工作成绩为序。

3.结尾。作为总结的结束语可以归纳全文，指出今后的努力方向，提出改进意见，或表示决心信心等，要求简洁明了。

（三）落款

在正文右下方写总结者的名称，下一行写上日期。

【例文】

第一次高考模拟考试总结

本月6日和7日地区教育局组织了全区第一次高考模拟考试。我本次考试总分为548分，其中物理得分120分，英语得分125分，成绩较好。

分析物理和英语两门能取得较高成绩的原因，主要有三条：1.这两门课平时学习得较为扎实，基本知识和基本能力掌握得较牢靠；2.进入复习阶段后又系统地过了一遍课本，较好地织起了知识的网络，并形成了能力，这样做一些练兵考试题时就觉得较顺手；3.临场考试心情放松，做题时间安排合理，全部题都做完后，还有时间检查。

这次考试也发现了我复习中存在的问题。以科目得分来看，语文仅得90分。我觉得我的语文功底还是较扎实的，没考好主要是复习时只注重了做课外较难的文言文阅读和现代文阅读难题，忽视了语文基础知识和写作的复习和训练。再加上考试时间安排不当，作文写得仓促，字迹潦草，所以得分不高。

认真总结这次考试的经验和教训，在下一段的复习中我要注意以下几个问题：1.各科复习都要对基础知识进行系统梳理，查缺补漏，强化能力迁移；2.合理安排时间，相对多在语文上下点功夫，尤其是语言表达和运用要从基础知识入手，稳扎稳打，逐步提高能力；3.多向老师、同学请教，解决疑难问题，吸取他们好的经验。

通过认真总结，调整下段复习步骤，我相信高考中会取得满意的成绩。

××中学高三（二）班××

2012 年 4 月 12 日

对中学生影评的思考与探索

——我校影评小组工作总结

我校影评小组自 2010 年成立以来，坚持"边学习，边写作，出人才"的指导思想，已先后有多篇学生影评文章在各类报刊发表，影评组的历届骨干也有不少先后升入重点大学，得到了校内外师生的好评。

我们认为，要搞好中学生影评，首先要对中学生参加影评活动的意义和价值有正确的评估。开展影评活动能丰富学生的影视知识，审美情趣，并且对提高他们的认识能力和道德情操以及对于思维开发都有潜移默化的作用。几年来，在实践中我们也探索出一些行之有效的办法，扎扎实实地提高小组成员的影评写作能力。

精讲课。同学参加影评组后，首先让他们掌握一定的影视理论和影评写作方法。我们举办了"电影的特性"、"影视技术漫谈"、"影评写作"等八个讲座，请老师和专家给大家深入浅出地讲解了一些基础知识，带他们入门。

看影片。在学习间隙，我们组织同学有选择地观看适合中学生的经典电影,与讲课中的理论相印证,同学们看片目的明确,很有收获。

共讨论。看影片后,要求同学各自选择一个角度认真准备发言提纲,然后组织讨论。如在看完电影《边城》后的讨论会上,气氛热烈,通过讨论,大家获益良多。

写评改。从进影评组,我们就规定每个人每两周写一篇影视笔记,由老师讲评。对于重点观看影评,则在讨论后独立思考,认真写作。老师精心批改后,进行讲评和交流传阅,好的作品在校刊发表,并择优向各地报刊推荐。这样,同学兴趣盎然,写作能力也获得较大的提高。

今后,我们要继续努力,借助各类活动的开展激发同学们的创造性和综合素质的培养,使影评小组在"出人才"上更上一层楼。

×ד中学影评小组

2012 年 5 月 24 日

【动手小训练】

1.写一份年度学习总结。

2.就你喜欢的一项课外活动参加情况写一份总结。

实用情境回眸

路涛的工作总结已经写好,让我们来看看:

2012 年度工作总结

对我而言,2012 年的工作是很难忘的,我刚刚接触办公室的工作,

工作内容的转换,连带着工作思想、方法等一系列的适应与调整,这期间我遇到了很多困难,在办公室各位领导的关心与帮助下,在各位同事的密切配合下,我较好地完成了自己的本职工作和领导交办的其他工作。现将个人工作简要回顾总结如下:

一、一年来的工作表现

(一)提高自身素质,以便更好地完成工作。这主要表现在两个方面,一是爱岗敬业讲奉献。办公室工作最大的规律就是"无规律",因此,我正确认识自身的工作和价值,正确处理苦与乐、得与失、个人利益和集体利益的关系,坚持甘于奉献、诚实敬业;二是锤炼业务讲提高。经过一年的学习和锻炼,我在工作上取得了一定的进步,细心学习他人长处,改正自己的缺点,并虚心向领导、同事请教,在不断学习和探索中使自己的材料写作能力和语言表达能力都有所提高。

(二)严于律己,做好个人工作计划。在过去一年的工作中,我始终以制度、纪律规范自己的一切言行,严格遵守机关各项规章制度,尊重领导,团结同志,谦虚谨慎,主动接受来自各方面的意见,不断改进工作。同时,我每个月都为自己制定了切实可行的工作计划,并按计划完成了各项工作。

(三)强化职能,做好服务工作。工作中,我注重把握根本,努力提高服务水平。我们办公室人手少,工作量大,这就需要我们全体人员团结协作,更好地为大家做好服务工作。在这一年里,不管遇到什么困难,我们都积极配合做好工作,力争为同事们提供优质服务,我们的工作也基本得到了大家的认可。

二、工作中的不足与今后的努力方向

一年来的工作虽然取得了一定的成绩,但也存在一些不足,在未来的工作中我主要从以下几个方面加以改进:

(一)发扬吃苦耐劳精神。面对事务杂、任务重的工作性质,要不怕吃苦,做到"眼勤、嘴勤、手勤、腿勤",积极适应各种艰苦环境,在繁重的工作中磨练意志,增长才干。

（二）发扬孜孜不倦的进取精神。要加强学习，勇于实践，在向书本学习的同时注意收集各类信息，广泛吸取各种"营养"；同时，讲究学习方法，端正学习态度，提高学习效率，力争使自己具有扎实的理论功底、辩证的思维方法、正确的思想观点、踏实的工作作风。力求把工作做得更好，树立办公室的良好形象。

（三）当好助手。对各项决策和发现的问题，及时提出合理化建议和解决办法，供领导参考。

以上是我对过去一年工作的简要总结，在今后工作中，我一定认真总结经验，克服不足，努力把工作做得更好。

办公室　路涛

2012 年 12 月 26 日

三　调查报告

实用情境

近年来，随着人民生活水平的提高，学生的消费水平也不断提高，高中生表现尤为突出。随之而来的是在高中生中出现的乱消费现象，这种现象不利于高中生的正常成长。为了纠正各种乱消费现象，江海市教育局决定首先组织一个调查小组，对江海市高中生的消费状况做一次调查，以便较准确的掌握高中生的真实消费状况，从而制定相应的解决方案。

调查报告是对具体情况、问题、事件等进行调查研究后，在分析整理的基础上将调查过程和结果表达出来的书面报告。

快速格式化——常见文体范例

一、调查报告的特点

（一）针对性

调查报告一般有比较明确的意向,相关的调查都是针对和围绕某一综合性或是专题性问题展开的。所以,调查报告反映的问题集中而有深度。调查报告从实际出发,调查研究各种社会情况,主要针对人们迫切需要了解或解决的问题进行深入细致的调查和分析,揭示出它的本质和规律。它的写作目的不仅在于认识世界,而且在于通过实践有目的地去改造世界。

（二）指导性

调查报告能够比较全面、具体地反映现实情况,并根据调查材料对现实中的事实和问题进行比较深入细致的分析和研究,以帮助我们认识事物、掌握情况,从而制定出符合实际的方针策略。调查报告还能够用来总结先进地区、先进单位或先进人物的正面经验并加以推广,使相关的单位或人员受到启发。

（三）客观性

调查报告的写作必须建立在客观、真实的基础上。在调查过程中,必须尽可能获取最真实、最具体、最全面的材料,在分析时,必须客观地分析问题,得出正确的判断和结论。在写作中,必须忠实于调查材料和由材料得出的结论,用具体事实说话。

二、调查报告的写作要求

（一）深入细致地调查

要写作调查报告,首先必须对某一特定的对象或问题进行深入细致的调查,这是写好调查报告的前提和基础。

（二）尽可能详尽地占有材料

调查的目的是为了获得材料,占有的材料越全面、越具体,写出来的调查报告就越真实,越有深度。只有大量地掌握材料,尽可能详尽地占有材料,才有可能写出能真实地反映事实本来面目的、有深度的调查报告。

（三）用具体事实说话

调查报告应以事实说话,只有写出具体的事实,全面、完整地反映事实的本来面目,并在具体事实的基础上阐述结论,调查报告才有说服力。

三、调查报告的写作步骤

（一）拟写调查提纲

在实地调查之前,首先根据调查内容拟好提纲是十分必要的,这样才能在调查中有的放矢。调查提纲应包含以下内容:1. 调查对象;2. 调查的起止时间;3. 调查的目的,指导思想;4. 调查的内容、问题;5. 调查的方法和步骤。如有调查小组,还可写上组织、分工等。

（二）实地调查

这里主要介绍一些常用的调查方法:

1. 访谈调查。可以采用随机个人采访的方式,询问调查对象相关问题。也可以组织相关调查对象开调查会,请大家在调查会上说明相关情况,这样可以一次获取很多信息。

2. 问卷调查。问卷调查是通过发放问卷,请调查对象填写问卷,然后回收问卷,并对问卷反映的信息进行整理、分析后获得一定认识和结论。做问卷调查,首先要在调查前设计好问卷,同时还要求问卷发放有一定的覆盖面,数量不能太少,否则代表性不够,结果不够客观。

问卷一般由说明和问题两部分组成。

（1）说明部分用简洁的语言说明调查的目的、填写要求、希望和相关事项。

（2）问题部分就是向调查对象提问题。提出问题的方式有两种:封闭式提问和开放式提问。

封闭式提问是由调查人员提出问题,并提供若干答案,由调查对象在其中加以选择,也就是做选择题,可以规定单项选择、多项选择或排列选择。这种问题的优点是填写方便容易,有助于提高问卷的回收率,同

时答案标准化,有利于统计分析;缺点是回答方式缺乏弹性,对比较复杂的问题难以设计周全。

开放式提问就是一种可以自由回答的问题,相当于问答题。其优点是被调查者回答问题不受限制,利用它搜集的资料比较深入具体;缺点是调查对象做问卷不快捷,答案不标准化,不便于整理和统计。

为了扬长避短,现在很多问卷都采用封闭式与开放式相结合的形式。即在封闭回答后加上"其他",或在开放式问题前加上封闭式答案。如:

你对我们产品的评价是＿＿＿
A　满意　B　一般　C　不满意
请说明理由＿＿＿＿＿＿＿＿＿＿＿＿＿＿＿＿＿＿＿

3.抽样调查。抽样调查是指从全体被调查对象中,按照一定的标准抽取一部分对象作为代表进行调查分析,以此推论全体状况的一种调查方式。可以采用随机或非随机抽样。这是一种事半功倍的调查方式,应用范围极广,常用来做民意测验。

(三)调查资料整理

资料的整理是将调查得来的记录、问卷等各种资料进行汇总、统计、分析,从而从中梳理出研究结论。

(四)调查报告写作

调查报告一般由标题、前言、主体和结尾四部分组成。

1.标题。调查报告的标题通常有两种构成形式:

(1)双行标题。又叫正副式标题,通常是正标题揭示主题,副标题说明对象及调查内容。如:《缺口是这样打开的——沙市废品市场调查》

(2)单行标题。单行标题又分两种构成形式:一种是公文式标题,由事由和文种构成,基本格式为"关于××××的调查报告",如《关于中学生"追星"现象的调查报告》；另一种是内容概括式标题,这种形式相当灵活,如《当代中学生的六大变化》。

2. 前言。前言是调查报告的开头部分,写法灵活多样。可以交代调查的起因或目的、时间和地点、对象或范围以及人员组成等调查本身的情况；也可以概括调查对象的基本情况；还可以概括主要问题,引出下文。

3. 主体。这是调查报告最主要的部分,这部分详述调查研究的基本情况、做法、经验,以及分析调查研究所得材料中得出的各种具体认识、观点和基本结论。

主体部分常采用的结构方式有：

(1)纵式结构。即按照事物发展的先后顺序,将时间的推移和事物发生、发展的进程结合起来进行表述。

(2)横式结构。就是把调查得来的情况、问题按内在逻辑联系分为几个部分并列来写。

4. 结尾。结尾是调查报告的结语部分,写法灵活多样。可以提出解决问题的方法、对策或下一步改进的建议；或总结全文的主要观点,进一步深化主题；或展望前景,发出鼓舞和号召等。要求简明扼要,言尽即止。

【例文】

中学生课外阅读情况调查报告

在日常语文学习过程中,我们经常发现有的同学由于积累不足造成许多学习困难,比如说理解力差,对文章把握能力不足,缺乏阅读体验,难以在文章中找到共鸣。其实课外阅读是语文学习的一个重要组成部分,学生在阅读中可以积累词汇、培养语感、体会没有亲身经历的感情……充分的阅读经验可以提高我们的阅读能力和文学素养,又能够给

语文学习带来较大的帮助。

　　基于以上这些原因,我们对同学的课外阅读情况产生了浓厚的兴趣,抱着以上这些目标我们开展了本次调查。本次调查是针对初二年级进行的,随机挑选了初二年级的两个班级进行。两个班级总人数为75人,其中男生40人,女生35人。考虑到初二年级的同学升学压力还不大,也已经比较适应初中生活,课余时间应该比较多,调查所得数据应该比较具有代表性。

调查结果及分析

　　在本次调查中,表示喜欢阅读文学作品的问卷有60份,占总数的80%,这个比例比较客观真实地反映了当前中学生对于文学作品的认可程度。

　　而在阅读条件的调查中,我们发现有41人的家庭藏书量在10本以下,父母所能承受的课外阅读书刊购买价格为20~50元。通过进一步调查发现,部分同学家庭藏书量为零。两个班级仅1人家庭藏书量在50本以上。阅读条件显然非常有限。

　　在阅读倾向性测试中,我们发现在中学生最喜爱的读物中,动漫无疑是第一位的,占到总数的60%以上。其次是男生钟爱的玄幻恐怖类图书,占14.6%,而时尚杂志也是女生比较钟爱的读物,占到11%。让我们大跌眼镜的是在所有受访对象中,仅有1人选择的最喜爱的读物为文学名著。从这个数据上我们可以发现,同学们在课外时间的阅读往往以消遣娱乐为主,没有一个明确的目的性。这在后面的阅读体验调查中得到了印证。90%的同学在被问及阅读带来的好处时,都选择了打发时间、消遣娱乐。

　　在阅读来源、书刊选择、阅读媒介上,同学们的选择呈现多样化分布。除了媒介选择上,绝大多数同学都比较倾向传统纸质书之外,大多数同学在阅读来源和读物选择方面都有较多的途径。

　　在阅读体验上,我们发现,同学们并没有比较深刻的阅读体验,在谈及具体作品和具体人物时显得比较为难,有 14 位同学在问卷上多次修改,有 7 位同学空白。我们认为这和同学们阅读的出发点在消遣娱乐上不无关系。而在被问及如果学校开设一门阅读课你是否会接受时,100% 的同学选择了会,这体现了同学们极大的阅读热情。

在阅读习惯调查上,我们发现所有被访者都没有做读书笔记的习惯,经常与同学朋友分享阅读体验的也只占 60%,这表明同学还没有养成良好的读书习惯。

结论及措施

从以上的调查结果和分析中我们可以得出以下结论:

1. 同学们对于阅读还是有较高的热情和期待的,同时在课余时间里也有一定时间花在了阅读上,也能够利用现有的条件寻找一些读物来满足自己的阅读需求。在阅读过程中,同学们也有了相应的情感体验,体会到了阅读带来的乐趣。

2. 同学们的阅读往往缺乏明确的目的,把阅读同课后的娱乐等同看待。在阅读对象的选择上也存在很大的盲目性,还基本处于有书就看,不感兴趣就扔的状态。老师和家长都为同学们的阅读提供了一定条件和便利,但是老师的引导和家长监管还没有落到实处,对同学们的阅读兴趣和阅读方向难以产生有效的影响。

3. 同学们缺乏良好的阅读习惯,也缺少与人分享阅读体验的途径。这也是同学们的阅读热情不能长久持续的原因。这样的阅读状态导致同学们读书往往处于看过就忘,没有读后的反思,不能真正通过阅读而有所提高。

措施和建议:

1. 从初一开始开设阅读课,以读书沙龙的形式推荐介绍自己所读的书,交流读书心得,展示读书笔记。用这样的形式来提供同学阅读的平台,引导同学读书的方向,并且能够让同学在读书之后有所反思,并形成文字。

2.老师在日常教学过程中不要仅仅把眼光停留在语文书上,要利用课堂的时间向同学反复推荐一些好书,学校的图书馆也可以相应购入一些老师推荐的图书,方便同学借阅。

3.发挥家长的监管作用,利用寒暑假让家长监督同学们完成一些阅读任务,做到离开学校不停止学习。

【动手小训练】

1.调查班内同学的身体状况,以此为依据,写一份关于中学生体质状况的调查报告。

2.针对学校食堂的情况设计一份面向全校同学的调查问卷,要求问题不少于15个,由封闭式提问和开放式提问构成。

实用情境回眸

江海市教育局调查组针对江海市三所重点高中的学生采用了电话问询、发放问卷,当面访谈等各种调查方式,获得了不少有用的资料,经过整理分析,最后写出了一份很充实的调查报告——《江海市高中生消费状况调查》。

江海市高中生消费状况调查

随着国民经济的迅速发展,人民生活水平不断提高,学生的消费水平也不断提高,高中生表现尤为突出。现在的中学生生活在科学技术发达的新世纪,中学生消费市场成为商家的必争之地。有的中学生能正确利用好手上的钱,但是有的人却出现了乱消费的现象。为了更深入的了解中学生的消费状况,并建议正确的消费途径,我们小组展开了对江海市高中生消费情况的调查活动。

调查研究结果：

一、消费状况

（一）高中生消费水平太高

在校高中生拥有手机的数量是很惊人的，据不完全统计，仅高中一年级拥有手机的数量为平均每班30部以上，而且他们的手机样式新颖，讲究品牌，有的手机比起大人的来有过之而无不及，这一部分有手机的同学，很大一部分的同学的手机是自己家的亲戚给的，一部分同学的手机是自己买的，还有一部分同学的手机是朋友送的。且根据所调查对象反馈的信息：认为很有必要或有必要配备手机的高中生占调查总人数的70%，认为没有必要和很没必要的学生只占30%。使用手机就需要缴费，这又是一笔不小的开支，这些情况的出现我想是与如今社会的发展相联系的，一部分人生活开始富裕了、有钱了，认为可以多给孩子点钱了，于是"压岁钱"逐年升高，据统计，班上学生2009年的压岁钱平均500左右，所以，高中生兜里"有钱了"让他们产生了超前消费观念。而且，据观察和统计，现在部分高中生上学已经开始不愿意骑普通自行车，而是改骑电动车了，他们认为这样气派，这是很不应该出现的现象，不仅不安全，也造成了不好影响。从目前掌握的信息来看，高中生的消费呈快速增长趋势，即使是有的学生因家庭条件所限，消费档次稍低一些，但其消费总额在家庭支出中的比例也普遍偏高。有调查显示，在家庭消费支出中，未成年消费者的消费量几乎占家庭收入的二分之一。

（二）消费日趋多元化，但消费结构不合理

在学生的消费结构中，物质消费占绝对优势，精神投资少得可怜。据调查，高中生零用钱用途中排在首位的是"买零食"，其次是迫于学习压力而购买学习资料，购买课外书报的比重较低。此外，小部分男生和小部分的女生选择了"请客送礼"。在社会各种不良风气的影响下，部分高中生也染上了不少不良习惯，这也在很大程度上影响到了他们的消费取向。据统计，目前还有部分的男生和一小部分的女生吸烟、饮酒。

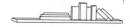

二、形成因素

（一）主观因素

1. 中学生消费意识差，容易出现攀比心理。主要表现在：过于注重外表，过于在意别人对自己的看法。吃、穿、用都讲究名牌，原因就是名牌的更漂亮、更显高档，这样就可以在同学面前炫耀，目的是想别人都尊重自己，这样很容易在同学之间形成攀比之风，这样，乱消费的现象更加严重。

2. 从众心理在作怪。在中学生中普遍存在一种心理，就是"别人有，我也要有"。在这种心理作用下，别人有手机，我也要有；别人有MP3，我也要有；别人有电脑，我也要有；别人有……我也要有……形成了一种畸形消费状态。而这种心理成为中学生攀比消费的主要因素。不管东西买来对我用处多大，反正别人有了我也要有，要不然我怎么在同学面前有"面子"，正如上面提到的手机、电动车一样，都是攀比之风造成的。比如电动车，首先，从价格上来说，一部电动车的价格是自行车的 5 倍以上，这就造成不小的浪费，而且电动车要充电每天又要消耗不少电，这又是个不小的消费。更重要的是，对于一个高中生来说骑电动车既不安全，也易给他人安全造成威胁。但正是由于这种从众心理作怪，所以越来越多的人加入到使用手机和电动车的行列中来。

（二）客观因素

1. 社会大环境的影响。随着社会的发展和经济发展水平的不断提高，人们的消费水平逐渐提高，随之出现一些出手阔绰的"贵族"，于是为了所谓的"面子"，人们便不惜付出更高的代价。而且，社会中流行产品更新换代频繁，在从众心理的驱使下，中学生也马不停蹄的追赶潮流。

2. 父母对子女的溺爱。现在的中学生大多数是独生子女，家长把他们当成家里的太阳，很容易使他们养成"要风得风，要雨得雨"这种以自我为中心的性格。钱用完了，又向父母要，父母不给，便发脾气……如此下去，助长了他们乱消费的风气，使他们变得自以为是，一意孤行，不考虑别人的感受。而且随着生活水平的提高，有的节日特别是春节，有的学生的"压岁钱"更是多的数不胜数,家长给了亲戚也给。而作为中学生,自我控制能力差,他们花钱的地方相对而言是比较少的,于是,这部分"多余"的钱就用来买手机等高价格消费品。有的甚至用来购买不良消费品,比如烟、酒。有的孩子过生日的时候,父母也认为是一件不得了的事,摆酒席觉得还不够,主动问自己的孩子有什么要求,只要孩子的要求他们一律答应。

3. 学校教育还存在弊端。一些学校过于注重对学生知识能力的培养,而忽视了对学生良好习惯养成的教育。现在教育制度虽然在不断的改革,但是受到以前教育制度的影响,现在一部分学校仍然更多的关注的是学校的升学率问题,关注的是学生的学习成绩问题,关注的是学生知识能力的问题,关注的是"智"的问题。而对学生的"德"的培养仍然不是很重视,学生良好的生活习惯的养成相对而言也不是重点,这样没能养成学生良好的、正确的消费观念。

4. 还有一些其他因素,特别是社会因素。中学生一般而言都是走读生居多,在放学路上耳濡目染,会看到社会上一些不良的风气,学生的分辨能力差,觉得好玩就学上了。中国是个人口大国,而作为一部分尚未成熟的学生,在社会上看那么多抽烟的、打电玩的人群,一部分人就觉得"新奇""好玩",就染上了抽烟、沉迷网游的恶习。所以,对于这群还没有成年,判断能力还不强的学生,营造一个好的社会环境是非常有必要的。

建议:

1. 树立正确的消费观念,适度消费,不盲目消费、盲从消费,避免一种攀比之风的形成。加强自身的理财观念。养成一种勤俭节约的习惯,不要把钱用在一些既昂贵,又不实用的东西上。如购买衣服鞋袜时,不必追求名牌,应学会购买物美价廉的商品;更要多从父母的角度出发思考,懂得钱是来之不易的。

2. 作为父母对孩子的爱也要科学合理,对孩子的不合理要求不能听之任之,要给予孩子适当的批评和教育,帮助孩子从小养成良好的习惯。

孩子过生日的时候,可以适当的给孩子买点小礼物,表达出父母对孩子的爱,记得孩子的生日,而对于部分孩子提出的过分要求,就应该果断的拒绝,并告诉他们这是一种不正确的消费观。

3.学校方面也应该加强管理和监督,不仅在教育上要注重学生知识能力的培养,同时,也要注意学生生活习惯及品德的培养,应该严厉禁止超前消费,要给同学树立正确的消费观念,比如,前面提到的有的学生上课骑电动车来的这种现象,我们认为学校就应该严厉禁止,这不仅是从学校本身的情况出发,也可以保障骑车学生的安全。

4.纠正社会上的一些不良风气,比如吸烟、喝酒等,应该给学生树立正确的榜样,当然这方面是要求学校和学生家长共同配合的,学生家长不给学生过多的钱进行恶性消费,学校要加强学校的管理制度,杜绝学生偷偷吸烟、偷偷喝酒的恶习。社会的风气需要大家共同努力才能形成,中学生的正确的人生方向形成,需要家庭和学校的共同导向。

附:

关于江海市高中生消费情况的问卷

为了了解我校高中生的消费情况,我们计划对身边的同学进行一次消费情况的调研,请尽量如实填写,谢谢合作!

1.你认为你家的经济状况是…………………………………( )

A.非常富有 B.富有 C.中等 D.一般 E.贫穷

2.你的零花钱主要来源是…………………………………( )

A.压岁钱 B.父母主动给的 C.其他长辈给的 D.向父母要的 E.自己劳动所得

3.你每个月零用钱的数量是…………………………………( )

A.100元以下 B.100~200元 C.200~300元 D.400元以上

4.你对零用钱自主支配的程度是…………………………( )

A. 能够 B. 多数能够 C. 偶尔能够 D. 不能够

5. 你的零用钱主要用于……………………………………（　）

A. 买零食 B. 各种饰品 C. 学习用品 D. 上网或娱乐 E. 名牌服饰

6. 你对零用钱的使用………………………………………（　）

A. 有计划 B. 不坚持计划 C. 无计划却有节制 D. 无计划

7. 你购买物品的地点一般情况是在…………………………（　）

A. 专卖店 B. 各种特色店 C. 百货商店 D. 一般小店 E. 超市

8. 你购买商品的选择标准是………………………………（　）

A. 舒适 B. 与众不同 C. 名牌 D. 无所谓

9. 影响你购买某种商品的因素主要是……………………（　）

A. 朋友推荐 B. 商品的吸引力 C. 偶像的形象 D. 自己的爱好 E. 实用

10. 你的服饰档次是…………………………………………（　）

A. 名牌 B. 上乘 C. 中档 D. 一般

11. 你的衣服更换频率是……………………………………（　）

A. 半年 B. 1 年 C. 1~2 年 D. 2 年以上

12. 你对名牌服饰的态度是…………………………………（　）

A. 非名牌不可 B. 有当然好，没有也不强求 C. 无所谓 D. 穿名牌是浪费

13. 你与同学、朋友之间人情交往的开支…………………（　）

A. 多 B. 一般 C. 很少 D. 没有

14. 你父母的消费观念是……………………………………（　）

A. 大手大脚 B. 量入而出 C. 该花的花 D. 节俭

15. 你的消费观念是…………………………………………（　）

A. 有钱尽管花 B. 我家很有钱，不花白不花 C. 该花的就花 D. 尽量节俭

16. 影响你消费观念的主要因素是…………………………（　）

A. 家庭经济状况 B. 父母的消费观念 C. 同学的消费状况 D. 自己的

需要

17. 你认为中学生带手机有必要吗? A. 有 B. 没有 ( )

18. 你有没有手机? A. 有 B. 没有 ( )

19. 你的买手机的钱是? A. 父母给的 B. 自己的 C. 亲戚给的 ( )

20. 你每个月的手机费要多少? ( )

21. 你的压岁钱有多少? ( )

(本次调查共发出问卷100份,收回98份)

第七章

没有规矩不成方圆

——规约凭证类

一 公约 守则

公 约

╭─────────╮
│ 实用情境 │
╰─────────╯

　　近两年,××县发生了几起较严重的火灾事故,引起了社会的广泛关注。为了减少和杜绝火灾事故的发生,该县消防局决定拟定一份《居民防火安全公约》,希望广大居民群众共同遵守。

　　公约是指社会组织、团体、人群以维护公共利益为目的,经一定群体范围内成员讨论协商所制订并共同遵守的规约性日常实用文。

　　公约促使人们自觉地约束自己、规范自己。以达到规范人们行为道德,维护公共秩序,树立新风美德的目的。它虽然不像法规文书那样具有强制性,但它同样具有一定的社会约束力。

一、公约写作的注意事项

（一）公约的内容应征询适用范围内人员的意见,在共识的基础上制订。

（二）公约的写法比较灵活,可以采用传统的条款式,也可以采用易读易记的排比句式,及顺口溜式的押韵句。

（三）公约要求篇幅简短,文字简洁明确,通俗易懂。

二、公约的写作格式

（一）标题

标题位于第一行居中,字号略大。完整的标题由"发文单位名称＋事由＋文种"构成,如《中学宿舍卫生公约》。也可以只用后两部分,如《精神文明公约》。

（二）正文

在标题下一行空两格开始。这是公约的具体内容,开头可以简要说明订立公约的目的、意义。然后用条目或排比短句的形式分条写出共同约定遵守和执行的事项。最后写明执行本公约的有关要求。

（三）落款

在正文右下方写上制订公约的单位或组织名称,下一行写上日期。

【例文】

班级安全公约

为了积极预防学生在校内外发生不安全事故,保护学生、学校的合法权益,特制订以下班级安全公约。

1. 上下楼自觉靠右行走,不急行、不拥挤。

2. 严禁在楼道上、教室内追逐打闹和奔跑,以免滑倒和摔伤。

3. 严禁攀爬学校任何一处的围墙、门窗、围栏、阳台及树木、球架,不准上楼房天台。

4.不准携带易燃、易爆、有毒物品、凶器及各类宠物进校。

5.若照明灯和饮水机等电器发生故障,不得私自动手排除,应报告教师或总务处,由学校电工进行故障排除;不得打开配电箱,触摸电器开关;消防器材未经许可,不得随意搬动。

6.大扫除时注意安全,对高处的玻璃窗和无阳台窗子的外部,学生不要勉强擦拭,如需要擦拭。必须在老师的指导下才能进行。

7.不准私自外出游泳。

8.做文明学生,不要有任何故意伤害他人、窃取他人财物的行为,不允许在任何场所参与打架斗殴。

9.察觉到有不安全因素应及时报告师长。遇事冷静,以保全自身安全为重,不冲动蛮干。

10.上实验课要严格遵守实验室的有关安全要求完成实验。

11.课外活动和体育锻炼,要按有关安全规则进行。

12.在往返家校的路上,要注意交通安全,行路要严格遵守交通规则。

13.参加学校组织的校外集体活动,要严格遵守活动纪律,不得擅自离队,杜绝个别行动。

新华中学高一(三)班

2010 年 9 月 12 日

全国青少年网络文明公约

要善于网上学习　　不浏览不良信息

要诚实友好交流　　不侮辱欺诈他人

要增强自护意识　　不随意约会网友

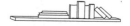

要维护网络安全　　不破坏网络秩序

要有益身心健康　　不沉溺虚拟时空

团中央　教育部　文化部

国务院新闻办　全国青联

全国学联　全国少工委

中国青少年网络协会

2001 年 11 月

【动手小训练】

1. 和班级同学共同讨论后,拟订一份班级公约。

2. 为维护校园绿地拟写一份《校园绿地公约》。

实用情境回眸

几天后,县消防局将《居民防火安全公约》贴在了各个社区的公告栏里,广大居民纷纷认真阅读。公约的内容是这样的:

居民防火安全公约

为实现家家防火,户户平安,把居民家庭的防火工作落实到实处,减少和杜绝火灾事故的发生,按照国家有关消防法律法规和社会道德规范的要求,特制订本公约,望广大居民群众自觉遵守,并共同监督执行:

一、自觉遵守消防法律法规,服从社区消防组织的管理,坚决抵制消防违法违章行为。

二、主动学习有关消防知识,正确使用消防器材,不挪用、圈占、埋压、损坏消防设施。

三、积极参加社区消防宣传教育培训,学习并主动宣传防火灭火知识和逃生自救常识。

四、居民楼内严禁建造违章建筑和堆放可燃杂物,严禁占用、挪用楼院消防通道、出口。

五、不违章装修,不违章贮存、经营、使用易燃易爆化学危险物品。

六、不得乱拉乱接电气线路,不准用铁丝、铜丝代替保险丝。杜绝超负荷用电。

七、教育儿童和青少年不玩火。不燃放烟花爆竹,不玩弄电器设备。

八、发现火灾及时报警。主动为他人报告火警提供便利,不谎报火警。

××县消防局

2012 年 5 月 1 日

守 则

为加强管理,规范学生行为,提高学生的整体素质,××市机电工程技工学校教务处针对本校的学生制定了一份《学生守则》,并下发各班,要求严格执行,杜绝各种隐患。

守则,是机关、企事业单位和社会团体对所属人员的道德行为作出规范,或对某些设施的操作规程作出具体规定的管理规章。如《中学生守则》。

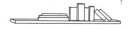

　　守则主要是针对人们的品行、道德或岗位责任等提出要求和规约，在一定范围内具有约束力，要求人们自觉遵守执行；或者是生产劳动部门就设备操作流程规范人们的操作和运用，以保障安全。

守则的格式

（一）标题

　　标题位于第一行居中，字号稍大。一般采用"适用范围＋文种"的方式，如"图书管理员守则"。

（二）正文

　　标题下一行空两格开始。通常直接用序码分条来写，写作中要注意：一是体现职业的特点，内容要实在，要具体可行，不能写大话、空话；二是要高度概括，条理要清晰，语句要简练，要做到易懂易记。

（三）落款

　　在正文右下方写制订守则的单位或组织名称，下一行写具体日期。

【例文】

中小学生守则

　　1. 热爱祖国，热爱人民，拥护中国共产党。

　　2. 遵守法律法规，增强法律意识。遵守校规校纪，遵守社会公德。

　　3. 热爱科学，努力学习，勤思好问，乐于探究，积极参加社会实践和有益的活动。

　　4. 珍爱生命，注意安全，锻炼身体，讲究卫生。

　　5. 自尊自爱，自信自强，生活习惯文明健康。

　　6. 积极参加劳动，勤俭朴素，自己能做的事自己做。

　　7. 孝敬父母，尊敬师长，礼貌待人。

　　8. 热爱集体，团结同学，互相帮助，关心他人。

　　9. 诚实守信，言行一致，知错就改，有责任心。

10. 热爱大自然,爱护生活环境。

教育部
2004 年 9 月 1 日

教室文明守则

第一条　保持安静。不得在教室里大声喧哗、跳舞、打扑克或开展未经批准的文娱、体育活动;不得在教学楼走廊或四周喧闹;师生员工以外的人员不得随意进出教室。

第二条　行为文明。上课前学生须起立向教师致敬。不得穿背心、短裤、拖鞋进入教室;不得在教室里吃零食、吸烟、喝酒,禁止其他不文明行为。

第三条　保持整洁。上课前学生必须擦净黑板;不随地吐痰,不乱扔果皮、纸屑和杂物;不在课桌椅和讲台、门窗、墙壁、黑板上乱写、乱涂、乱画、乱刻、乱踏。

第四条　爱护公物。不得随意挪动或搬出教室内的桌椅。严格按照操作规程使用多媒体设备,在使用中如出现故障,应及时通知楼宇教室管理值班室,说明设备故障情况,由教室管理部门负责联系报修事宜。未经管理员同意,不得随意搬动、更换、拆除仪器设备及连接电缆,改变设备的设定参数。

第五条　注意节约。随手关灯,节约用水。自修人少时,应集中用灯。最后离开教室的同学,应关闭门窗,关闭所有电灯。

第六条　遵守制度。按课表所指定的教室和时间上课;临时借用教室,须经教务处同意;认真执行教室值日和卫生清扫制度。

新华中学教务处
2009 年 3 月 10 日

【动手小训练】

1. 为自己班级的班干部拟写一份《班干部守则》。

2. 为学校图书阅览室的学生管理员写一份《业余图书管理员守则》。

实用情境回眸

　　××市机电工程技工学校教务处制定的《学生守则》公布后,同学们基本都能自觉遵守,学校的秩序有了明显改善。

学生守则

1. 热爱祖国,热爱社会主义,热爱中国共产党,拥护四项基本原则。

2. 遵守国家法律法规,遵守学校各项规章制度。

3. 热爱专业,勤奋学习,努力实践,勇于创新,立志成才,献身社会主义市场经济建设事业。

4. 不迟到,不早退,不旷课。

5. 尊敬师长,孝敬父母,团结同学,热爱集体,助人为乐。

6. 讲文明礼貌,讲卫生,保持仪表端庄,不参加违法违纪、有害身心健康的活动。

7. 实事求是,正直谦逊,坚持真理,改正错误,维护公共秩序,敢于同不良现象作斗争。

公告栏里贴着《学生守则》

8.爱护公物,热爱劳动,艰苦朴素,勤俭节约,自理生活。

9.坚持锻炼身体,积极参加有益于身心健康的文娱、体育活动。

10.服从管理,磨炼意志,一切行动听指挥,自觉维护学校声誉。

××市机电工程技工学校教务处

2010 年 3 月 1 日

二 借条 收条 领条 欠条

实用情境

在我们日常交往或处理团体事务当中,免不了涉及一些钱物的往来,这时,像借条、收条、领条、欠条这些条据的拟写,就成了一种必要。虽然有些人会认为这是小事一桩,没必要打什么条子,写了显得生分,口头说一下就行了。但在现代社会,契约精神正是体现在这些点滴之中,没有规矩不成方圆,有了正式条据文书的规范,才会更促使我们诚实守信,避免矛盾纠纷的产生。同时,这也是相关机构事务管理规范的一种体现。

凭证类条据的作用是作为证据、凭证,具有法律效力,其特点是内容完整清楚,书写慎重仔细。这类条据包括:

借条:向个人或单位借钱物时写给对方留存的条据,等到钱物还清时,则把借条收回废除。借东西主动写下借条,是诚信的表现。

收条:收到个人或单位送来的钱物时写给对方的凭证。

领条:从单位或个人处领取钱物时,写给负责发放人的条据。

欠条:因某种原因拖欠了个人或单位的物品或钱款而写给对方的文字凭据。

凭证类条据的结构和写法

（一）标题

字据都要有标题，标明文种。在第一行居中写上"借条"、"收条"、"领条"及"欠条"等，字号稍大。

（二）正文

1.引语：在标题下一行空两格开始，用固定的引语开头，用"今借到……"、"今收到……"、"今领到……"、"今欠……"这样的句式。

2.主体：主体紧接引语，写明钱物的名称、数量、归还或收领到的日期。这部分是这个字据的核心，要清楚写明从哪里借（收、领、欠），涉及钱物的名称、数量、用途等。尤其是钱款，要求完整地写出钱数，数字要用汉字大写（以免涂改），书写要工整清楚，后面要加上"整"字。

（备注：大写数字——壹、贰、叁、肆、伍、陆、柒、捌、玖、拾、佰、仟、萬、億。）

3.结尾：一般在最后用"此据"两字收尾，也可不写。

（三）落款

在正文右下角，署名前写上"借款人"、"收款人"、"领取人"、"欠款人"等名称，后加冒号写上姓名。姓名必须是当事人的名字，不能由他人代签署。如果是单位或组织，要加盖公章。在署名下一行写上日期，必须是签字当日的日期。

凭证类条据具有法律效力，因此书写一定要慎重仔细，对数字要核对清楚。借条或欠条在钱物归还后，应收回或双方当面销毁。

【例文】

借　条

今借到学校总务处红色布质条幅壹条，作班级"庆祝祖国60周年"

主题班会使用。自借入一周后归还。

此据

借入人：初三（一）班班长　于小东

2009 年 9 月 25 日

收　条

今收到高一（一）班柒佰陆拾捌元整。系支援汶川赈灾捐款。

此据

收款人：校团总支

（签名盖章）

2008 年 5 月 20 日

领　条

今领到学校团委为参加课本剧演出的同学定做的服装拾伍套整。

此据

领取人：校剧社　张明

2010 年 10 月 12 日

欠　条

原借王敏人民币肆百元整,已还贰百元整,还欠贰百元整,一个月内还清。

此据

欠款人:杨晓娟

2009 年 4 月 7 日

【动手小训练】

1. 如果你要向学校教务处借用一块宣传板,拟写一份借条。

2. 假如你是一位校办公室的老师,一位初二同学交来拾到的一个内装 54 元钱和一张校园卡的钱包,请为这位老师代写一张收条。

3. 学校要发校服,班主任老师不在,让你前去代领,请给学校保管员写张领条。

4. 新华中学高一(一)班的李晓交学费时,因带的钱不够,尚有 60 元须在下周六以前交来,请你代他写一张欠条。

三　合同

实用情境

作为学生会主席,江海一中的赵剑锋最近几天特别忙。本次校园艺术节两周后即将举办,除了学校划拨的经费,江海市"绿原"食品有限公司也联系了他们,准备赞助经费并在艺术节期间在校园里进行一定的商品宣传。赵剑锋将商家的赞助意向汇报给了校委会,校委会研究后同意这次赞助活动，但要求赵剑锋先拟写好一份规范的格式合同，上报校委会同意后再正式签订合约。

最早的时候，合同被称作"书契"。《周易》记述："上古结绳而治，后世对人易之以书契。""书"是文字，"契"是将文字刻在木板上。这种木板一分为二，称为左契和右契，以此作为凭证。"书契"就是契约。"合同"即合为同一件书契，这是"合同"一词的本义。今天我们所说的合同，则是指当事人之间设立、变更或者终止权利义务的协议。依法成立的合同，受到法律的保护。

赵剑锋

市场经济社会，合同无处不在，法谚所谓"契约的总和即为市场"。因此，在社会生活中，我们不可避免地要与各种合同打交道 。合同中每一句话，每一个词，每一个字，都意味着经济活动中潜在的输或赢，可谓一字千金。所以订立合同必须要字斟句酌，谨慎严密。

按照《合同法》的要求，订立合同要遵循平等原则、自愿原则、公平原则、诚实信用原则和合法原则。

合同的写作格式包括标题、当事人名称、正文和落款四个部分。

一、标题

合同的标题一般由合同的种类和文种组成，有时也加上标的，如"买卖合同"，或"房屋租赁合同"。标题写在合同首页第一行正中。

二、当事人名称

合同当事人是指签订合同的双方或多方的自然人、法人或其他组织，应采用全称或规范化简称。写在标题下方，先顶格书写"订立合同

单位"或"订立合同人",后面并列写上双方的名称。为了正文表述简便,在双方的名称后用括号注明规定的简称。如:

订立合同双方:

×××厂(以下简称甲方)

×××公司(以下简称乙方)

或者:

订立合同双方:

供方:×××厂(以下简称甲方);需方:×××公司(以下简称乙方)

三、正文

正文是合同的主要内容,分为引言和主体两部分。

先用引言点明签订合同的目的、依据和签订过程、方式等,常用这样的句式:"为了××××××,根据××××××,经双方协商同意,特签订本合同,以资共同遵守"。

主体部分另起一段,逐条写明双方协议的具体条款。如果是格式合同,条款通常事先印好,只要填写一些具体内容即可;非格式合同内容根据需要而定。合同的主体内容根据合同法规定主要包括:

(一)标的

合同的标的就是合同关系中双方当事人权利和义务共同指向的对象。如买卖合同中的标的是工农业产品,借款合同中的标的是货币,建设工程合同的标的是工程项目等。

(二)数量与质量

数量是标的的计量,合同中必须明确地规定标的的数量、计量单位和计量方法。质量是标的在质方面的规定,是标的内在素质和外观形态的基本要求,它不仅指标的物的优劣,也包括品种、规格、型号等标准。

(三)价款或酬金

价款或酬金是合同中接受标的的一方以货币形式向另一方支付的代价。标的是货物的,代价称为价款;标的是提供劳务的,代价称为酬金。

(四)履行合同的期限、地点和方式

履行合同的期限是合同当事人实现权利、履行义务的时间界限,必须明确规定具体的年、月、日。履行合同的地点是指合同当事人履行(如交货、承建工程等)的具体地点。履行合同的方式是指当事人以什么方式来履行合同,如时间上是一次性履行完毕还是分期履行,行为上是指标的物的交付、运输、验收、价款结算等采用何种方式。

(五)违约责任

违约责任指合同的当事人一方或双方因为自己的过错,造成合同不能履行或不能完全履行时所应承担的责任。

四、落款

落款包括署名、日期和附则。

(一)署名。写明签订合同的双方当事人单位名称、法定代表人签名和单位盖章。用印要端正、清晰。

(二)日期。签订合同的具体日期,签约日期关系到合同的效力,必须明确。

(三)附则。一般包括合同双方当事人的地址、电话号码、开户银行及账号等。

【例文】

土地租赁合同

出租方：　　　　　　　　　　　　　　（以下简称甲方）

承租方：　　　　　　　　　　　　　　（以下简称乙方）

　　根据《中华人民共和国合同法》及相关法律规定,为了明确甲、乙双方的权利、义务,经双方平等协商,签订本合同。

　　一、甲方将位于　市　路　号的　亩土地的使用权及地上建筑物、构筑物、附着物等(见附件)出租给乙方使用。

　　二、乙方承租本宗土地必须进行合法经营,否则甲方有权收回土地使用权,终止合同。

　　三、乙方不得擅自转租本宗土地的使用权,如需进行转租应征得甲方书面同意,否则甲方有权收回土地使用权,终止合同。

　　四、甲方应保证本宗土地上的水、电、暖等基本设施完整,并帮助乙方协调同水、电、暖的提供方的有关事宜,但具体收费事宜由乙方与水电暖的提供方协商,所有费用由乙方承担。

　　五、乙方在租用期间,不得随意改变本宗土地状况和地上的建筑物、构筑物、附着物及水、电、暖管网等设施,如确需改动或扩增设备应事先征得甲方书面同意后方可实施,对有关设施进行改动或扩增设备时如需办理相关手续,由乙方办理,甲方根据实际情况给予协助,所需费用由乙方承担,否则,乙方应恢复原状,并赔偿由此给甲方造成的损失。

　　六、乙方租用期间,有关市容环境卫生、门前三包等费用由乙方承担。国家行政收费,按有关规定由甲、乙双方各自承担。

　　七、乙方在租赁期间因生产经营所发生的所有事故及造成他人损害的,由乙方承担责任,与甲方无关。

　　八、合同约定的租赁期限届满或双方协商一致解除合同后 10 日内,乙方应向甲方办理交接手续,交接时乙方应保证工作人员撤离、将属于自己的设备腾清,并将租赁范围内的垃圾杂物等清理干净。

九、租赁期限为 年,从 年 月 日至 年 月 日。

十、经甲乙双方商定,租金的交纳采取按年支付先付后用的方式,年租金为 元,由乙方于每年 月 日交纳给甲方。如逾期交纳租金30日以内,乙方除应补交所欠租金外还应向甲方支付年租金日千分之二的违约金;如逾期超过30日,甲方有权解除合同,乙方应甲方支付年租金百分之二十五的违约金。

十一、甲方向乙方收取约定租金以外的费用,乙方有权拒付。

十二、在租赁期限内,因不可抗拒的原因或者因城市规划建设,致使双方解除合同,由此造成的经济损失双方互不承担责任。

十三、争议解决方式:由土地管理部门协调解决。

十四、双方协商一致可另行签订补充协议,补充协议与本合同具有同等法律效力。

十五、本合同自双方签字盖章后生效。

十六、本合同一式四份,双方各执两份,具有同等法律效力。

甲方(盖章)　　　　　　　　乙方(盖章或签字)

年　月　日　　　　　　　　　年　月　日

附件:土地及地上建筑物、构筑物、附着物情况。

参考条款:甲方收取租金时必须出具由税务机关或县以上财政部门监制的收租凭证。无合法收租凭证的乙方可以拒付。

【动手小训练】

1.假如你假期准备进行社会实践,到某企业做一份临时工,以临时工的身份与企业拟订一份短期劳动合同。

2.年级组织野营活动需要购买一批户外用品,帮助组织者与户外用

品商店拟订一份商品购销合同。

在学生会指导老师的帮助下,经与商家沟通,三天后赵剑锋拟写出了这份赞助合同,这次艺术节也在更多经费的支持下办得更加盛大、成功。

江海市第一中学艺术节活动赞助合同

甲方:江海市第一中学学生会

乙方:江海市绿原食品有限公司

为了更好地开展江海一中第三届校园艺术节活动,促进我校精神文明建设,我校校委会特批准学生会作为甲方与乙方拟订此赞助合同书。甲乙双方本着相互促进共同发展的原则,经过双方友好协商,并根据中华人民共和国《合同法》,现就江海市第一中学第三届艺术节活动的赞助问题达成以下协议:

(一)赞助项目说明

1. 赞助项目:江海市第一中学第三届艺术节。

2. 赞助内容:艺术节系列活动经费支出。

3. 活动时间:2010 年 10 月 15 日—2010 年 10 月 25 日。

(二)赞助费用及回报

1. 商家赞助:费用为人民币   (￥   .00 元)。

2. 商家享有权利:

(1)乙方可利用合理的时间、地点在艺术节期间开展合法正规的活动,学校给予相应的宣传,人力及场地等支持。(具体相应事宜届时面议)。

（2）艺术节期间，在校内广播、宣传展板中为乙方做相应宣传。

（三）项目合作进度

1.甲方：

（1）甲方作为活动主办单位，整个系列活动由甲方自行策划、筹备及组织开展，并保证整个项目准备工作在 2010 年 10 月 12 日前完成。乙方作为系列活动的赞助单位，主要负责本次艺术节系列活动的经费支持。

（2）甲方提供乙方艺术节期间在学校开展活动的宣传、人力、场地等方面的资源，（乙方需提供相关资料）。

（3）乙方应保证赞助经费及时到位，并在活动过程中与甲方保持相关联系。如经费不能按合同要求到位，甲方有权停止相关宣传；

2.乙方：

（1）乙方有权利了解甲方活动开展的进度和情况，甲方须如实反馈各种情况。

（2）乙方可根据实际情况委派 1～2 人参加甲方的艺术节筹备组，给予监督和协助系列活动。

（3）甲方应保证活动顺利进行，并在活动过程中与乙方保持相关联系。如不能按进度要求完成，乙方有权要求拒绝支付余款。

（四）费用支出方式

赞助费的支付，经双方商定，分两次付款：

1.协议签订后，5 天内乙方先付赞助总额的 70% 给甲方，即￥　　.00 元。

2.待整个活动结束后，经双方确认，乙方再在 3 天内一次性付清另外的 30% 余款，即￥　　.00 元。

（五）附则

1.本协议的合作有效期为 2010 年 10 月 5 日—20××年 10 月 25 日，协议合作期满后双方可就继续合作事宜进行磋商，并根据实际需要续签合同。

2.未尽事宜,双方经协商后再做补充解决,补充协议与本协议具有相同的法律效力。

3.在执行过程中,如果双方因不可预测的因素导致在双方之间产生的一切争论、异议和纠纷双方可协商解决。

4.保密条款:双方应保守协议条款的秘密。

5.本协议共两份,签字时协议为一式两份,双方各执一份,具有相同的法律效力。经双方签约代表签字并加盖公章(或手印)后生效。

6.附件:江海市第一中学艺术节系列活动策划书。

甲方:江海市第一中学学生会

乙方:江海市绿原食品有限公司

（甲方盖章）　　　　　　　　　　　　（乙方盖章）

146

法定代表人:　　　　　　　　　　　法定代表人:

签约代表:　　　　　　　　　　　　签约代表:

年　月　日　　　　　　　　　　　年　月　日

四　证明信

实用情境

李晓莉在×××证券公司工作已经四年多了,但近期由于个人原因选择离职。在办理完离职手续后向公司人事部门申请,希望公司为她出示一份离职证明。

证明信是以行政机关、社会团体、企事业单位或个人的名义凭借确凿的证据证明某人的身份、经历或某件事情的真实情况时所使用的一种专用书信。证明信一般也直接称作证明。证明信可分为组织证明信和个人证明信,前者又可分为普通书写证明信和印刷证明信。

一、证明信格式

(一)标题

证明信的标题位于第一行居中的位置,字号比正文略大,可以直接写"证明信"或"证明"字样,也可以写"关于××的证明"。

(二)称谓

要在第二行顶格写上受文单位名称或受文个人的姓名称呼,然后加冒号。

(三)正文

正文要在称谓写完后另起一行,空两格书写,要有针对性地写清被证明的事实。如证明的是某人的历史问题,则应写清人名、何时、何地及所经历的事情。正文写完后,要另起一行,顶格写上"特此证明"四个字。也可直接在正文结尾处写出。

(四)落款

在正文的右下方写上证明单位或个人的姓名,署名下另起一行写成文日期,然后由证明单位或证明人加盖公章或签名,否则证明信将是无效的。

二、证明信的特点

(一)凭证的特点

证明信的作用贵在证明,是持有者用以证明自己身份、经历或某事真实性的一种凭证,所以证明信的第一个特点就是它的凭证作用。

(二)书信体的格式特点

证明信是一种专用书信,尽管证明信有好几种形式,但它的写法同

书信的写法基本一致,它大部分采用书信体的格式。

【例文】

实习证明

××学院教务处:

　　兹有贵院计算机专业王明同学于 2012 年 3 月 1 日至 2012 年 8 月 31 日在我公司实习,该同学的实习职位是行政助理。

　　该同学实习期间工作认真,在工作中遇到不懂的地方能够虚心向有经验的前辈请教,善于思考,能够举一反三。对于别人提出的工作建议,可以虚心听取。在时间紧迫的情况下,能加时加班完成任务。能够将在学校所学的知识灵活应用到具体的工作中,保质保量完成工作任务。同时,该同学严格遵守我公司的各项规章制度,实习时间,服从实习安排,完成实习任务。尊敬实习单位人员,并能与公司同事和睦相处,与其一同工作的员工都对该同学的表现予以肯定。

特此证明

　　　　　　　　　　　　　　　×××有限责任公司(实习单位盖章)
　　　　　　　　　　　　　　　2012 年 8 月 31 日

实用情境回眸

　　李晓莉所在公司人事部门负责人为其出具了一份离职证明,具体内容是这样的:

离职证明

　　李晓莉自2008年1月1日入职,担任我公司人力资源部人力资源助理职务,至2012年7月31日因个人原因申请离职,在此间无不良表现,经公司研究决定,同意其离职,已办理离职手续。

特此证明

×××证券公司(加盖公章)

2012年7月31日

快乐阅读书系

第八章

记述情感与思想

——个人生活类

一 书信

┌─────────────┐
│ 实用情境 │
└─────────────┘

谢婷大学毕业离开父母到外地工作已经一个月了,她越来越想家、想爸爸妈妈。原来离开家才能体会到家的味道,想起原来叛逆的自己千方百计想远离父母,还经常嫌他们啰嗦,谢婷的心里非常难过。谢婷觉得有好多话想跟父母说。这些话,也许当面和打电话都说不出,于是,她拿出了信纸,准备给父母好好写一封信。

谢婷给父母写信

信是联结感情的纽带,狭义的书信是指私人信件。虽然随着时代的发展,私人信件已经逐渐被电子邮件、手机短信或者其他一些网络工具所取代，但是无论如何，信件"见字如见人"的感情是无法被其他工具所取代的。我们应该保留写信的习惯，这样可以加深亲人朋友之间的感情。

按通行的习惯，一般书信包括信和信封的内容两部分。其中，信的内容由称呼、问候、正文、结束语、署名和日期几个部分组成。下面就分别介绍各部分的写法：

一、称呼

称呼要在信纸第一行顶格写，后加冒号。称呼和署名要对应，明确自己和收信人的关系。称呼可用姓名、称谓，还可加修饰语或直接用修饰语作称呼。

（一）给长辈的信

若是近亲，就只写称谓，不写名字，如"爸"、"妈"、"哥"、"嫂"等；亲戚关系的，就写关系的称谓，如"姨妈"、"姑妈"等。对非近亲的长辈，可在称谓前加名或姓，如"赵阿姨"、"黄叔叔"等。

（二）给平辈的信

同学、朋友关系，可直接用对方名字，或昵称加修饰语等，如"敏华"、"亲爱的小风"等。

（三）给晚辈的信

一般直接写名字，如"乐毅"、"君平"、"阿明"等。

（四）给师长的信

通常只写其姓或其名，再加"老师"二字，前面可加修饰语"尊敬的"。如"尊敬的段老师"、"宏海老师"等。对于十分熟悉的师长，也可单称"老师"、"师傅"。对于学有专长、德高望重的师长，往往在姓后加一"老"字，以示尊重，如"戴老"、"周老"，亦可在姓名后加"先生"二字。为郑重起见，也有以职务相称的，如"董教授"、"陈大夫"、"佟工程师"等。

（五）给机关团体的信

可直接写机关团体名称。如"××委员会"、"××学校办公室"。致机关团体领导人的信,可直接用姓名,加上"同志"、"先生"或职务作称呼,亦可直接在机关团体称呼之后加上"领导同志"、"负责同志"、"总经理"、"厂长"等。

如果信是同时写给两个人的,两个称呼应上下并排在一起,也可一前一后,尊长者在前。

二、正文

(一)正文通常以问候语开头

问候是对收信人的一种礼节,体现写信人对收信人的关心。问候语最常见的是"您好!""近好!"依时令节气不同,也常有所变化,如"新年好!""春节愉快!"问候语写在称呼下一行,前面空两格,常自成一段。

问候语之后,常有几句启始语。如"久未见面,别来无恙","近来一切可好?""久未通信,甚念!"之类。问候语要注意简洁、自然、得体。

(二)正文的主要部分——主体

主体是书信内容的核心部分,要求表达明确,感情真挚,措辞得体,字迹工整,文面干净。这一部分,动笔之前,就应该成竹在胸,明白写信的主旨,做到有条有理、层次分明。如果内容层次较多,则需分段来写。一般一事成一段,每段开头空两格,转行顶格。一般总是把主要的事情写在前面,次要的写在后面。如写回信,应先提一下接到对方信件的日期,再回答对方提到的问题和事情,然后再谈自己的问题。

(三)结尾

主体部分写完后,用"匆匆不尽","就写到这儿吧,见面详谈","再联系"之类的客气话为结束语,使行文完整、得体。

三、祝颂语

正文写完后,都要写上表示敬意、祝愿或勉励的祝颂语,这是对收信人的一种礼貌。祝愿的话可因人、因具体情况选用适当的词,不要乱用。

一般写"此致敬礼"，也可以写"祝身体健康"、"祝万事如意"等含有祝福、希望意思的话。"致"、"祝"等词语可以接着正文写，也可以另起一行，但要空两格书写。"敬礼"、"身体健康"、"进步"等祝愿的话要另起一行，顶格书写。

四、署名和日期

在祝颂语的右下方，署上写信人的姓名。如果是写给的亲属、朋友，前面可加上对自己的称呼，如儿、妹、兄、侄等，后边写名字，不必写姓，如"你的朋友"。如果是写给组织的信，一定要把姓与名全部写上。署名之后，有时还视情况加上"恭呈"、"谨上"等，以示尊敬。上述自称，都要和信首的称谓相互吻合。

日期用以注明写完信的时间，写在署名之后或下一行。有时写信人还加上自己所在的地点，尤其是在旅途中写的信。

五、信封的写法

信封的书写格式往往被人忽略，其实也有一定的讲究。比如收信人与寄信人的位置混淆，不注意字号的使用，还有就是很多人喜欢给收信人姓名后的"收"字加上括号，这都是不规范的。

怎样填写标准信封：

1. 在信封左上角六个小方格内填写收信人所在地区的邮政编码。

2. 在收信地区邮政编码的下方，写收信人的详细地址。

3. 在信封中央居中位置写收信人的姓名，字号较大。后面可以加上"先生"、"教授"、"校长"、"主任"等社会性称呼，但不能写亲属之间的称谓，因为信封上的称谓也是送信人对收信人的称谓。

4. 在收信人姓名的右下方，写寄信人的详细地址和姓名。

5. 在信封右下角的小方格内写寄信人的地区的邮政编码。

快速格式化——常见文体范例

【例文】

给××同学的一封信

××：

你好！

前天收到你的来信，信中所流露出来的忧虑真令我大吃一惊，我们的"太史公"何时也为自己担忧起来了呢？你可一向是"先天下之忧而忧，后天下之乐而乐"的呀。看来你所钟爱的历史要与你的现实生活发生矛盾了。我想我能理解你的苦恼，作为好朋友，你能听听我的意见吗？

我知道你自小酷爱历史，并一心想报考北大历史系，当老师劝你报个普通大学时，你一定非常灰心丧气。恕我直言，在这个问题上，我比较赞成老师的意见。你虽然考上了重点高中，但在班里的学习成绩只是中上等，而北大作为我国的最高学府，自然不是任何人都可随便跨进的。普通院校的牌子虽然不如北大亮，师资力量和教学设备也不可与之相比，但只要你努力地学，同样可以获得知识，何况世上还有那么多自学成才的人呢？再说，重点院校出来的学生未必个个都能成为栋梁，普通院校一样可以造就对国家、社会有贡献的人才。在这方面，你的认识中是否存在着某种偏见呢？其实你对自己的实力恐怕也很清楚，只是不想打破心中那个美好的梦。如今老师替你捅破这层窗纸，你又何必再坚持呢？对于你上什么样的院校，我认为并不重要，倒是对专业的选择你应该慎重其事。听说阿姨最近又劝你报考外经、外贸一类的专业。对于这个问题，我觉得我们首先应理解父母的一片苦心。他们都是为了子女好，希望将来有个好工作，生活舒适一些。假如你对外贸一类工作也感兴趣，那自然可以两全其美。但你那么喜爱历史，而且就你的性格来讲，我认为学外贸专业不适合。我支持你报考历史系，希望你在这方面自己拿好主意，不要因一念之差而抱恨终生。《老子》不曾有言吗——"知人者清，自知者明。"恐怕历史给你的启示远不止这些吧？

人活着,总是要有点精神的,"丹青难写是精神"。为了自己所钟爱的事业,总会有所割舍的。选择了历史,你也许会失去生活的"现代化",但同你所获得的那份心灵的充实感相比,这一切都算不上什么。只为了生活而生活,这是最无聊的生活。我支持你学历史,我想,凭着你对历史的那份狂热,凭着你与历史的那份机缘,最主要的还是凭着你对事业的那份锲而不舍的追求精神,你一定会有所作为。那时,中国将多一位历史博士,历史上将多一个21世纪的学者!

　　祝
高考成功!

好友××

2000 年 5 月 7 日

【动手小训练】

1. 给父母写一封信。

2. 因父母的工作调动,你离开了原来的学校,请给你的同桌写一封信。

3. 给原来初中的班主任写一封信。

实用情境回眸

收到谢婷的信,父母也悄悄流泪了,自己的女儿终于长大了:

亲爱的爸爸妈妈:

你们好吗?

女儿在这里一切都好,也适应了目前的工作和生活,就是很想你们!

爸爸妈妈,从我呱呱落地时起,你们已经精心养育了我 22 个春秋,

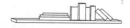

让我度过了充满欢声笑语的岁月。现在我大学毕业就来外地工作，很想念你们，也开始体会到了你们的不容易。以前我们家并不富裕，一个月爸爸妈妈总共只有 2000 多元的工资，有一半都用在了我身上。直到现在，你们还是把最好的东西留给我：营养丰富的食物、单独宽敞的卧室、实用美观的文具书包……我完全是在无忧无虑的环境中成长的。以至于自己身在福中不知福，没有体会到你们对我的辛苦付出，还常常跟你们闹小别扭，真的对不起！

妈妈，您别太忙了。经常因备课而常常看书到深夜，您的那几本厚厚的书都不知道看了几遍了，您那厚厚的备课纸现在又摞了好高了吧？每次为您拔白头发的时候，我都有一种说不出来的感觉。我一年又一年地长大，而你们却一年又一年的变老。

爸爸，您不要每天都加班加点地工作了。正常五点半下班，而您却经常干到六七点钟，回到家妈妈辛辛苦苦烧的菜都凉了。每次一看到您那已经不多而又杂乱的头发，我的心里顿时像打翻了"五味瓶"一般什么味都有。

爸爸妈妈，请把我当成风吧，让我有自己的速度和去向，你们只要化为无形的山；爸爸妈妈，请把我当做水吧，让我有自己的个性和流向，你们只要化为无形的堤。你们不要为了我过于操劳，不要总担心我的生活。爸爸妈妈，我过去不理解生活的艰辛，太不懂事了，今后我会更加勤俭节约，而且我已经领了第一个月的工资了！你们好好照顾自己，假期我再回去看你们，到时候一定用我自己赚的钱给你们买礼物！

爸爸妈妈，你们永远是我今生至爱的亲人！

祝爸妈
身体健康！

你们的女儿：谢婷
2011 年 10 月 13 日

二　日记

　　高一(三)班语文老师肖老师鼓励班上的同学养成写日记的习惯，她说写日记可以帮助同学们提高写作水平，在日积月累的训练中，观察、感受能力和文字表达水平都能得到提升。周檬听了老师的建议，也准备了一个日记本，开始记录每天的一些心得体会。一个月下来，她还真觉得自己拿起笔不会再像以前那样，似乎无话可说了，有很多想表达的东西，自然就流露出来了。

周　檬

157

　　日记是人们对自己一天的生活、工作、学习和思想等情况的真实记录文字。它可以"备遗忘，录时事，记感想"。日记这种文体在我国两千多年前的汉代就产生了。

　　日记的写作比较随意自由，但也不是漫无目的、天马行空。对中学生来说，日记已不仅仅是一种简单的应用文体，更重要的是，它还是一种提高思想认识水平和写作水平的训练性文体。多写日记，写好日记，可以帮助我们提高文字修养，提高观察、理解和分析能力。

　　日记大致可分为四种。一是备忘式日记，即把自己一天中所遇到的重要事情，作简略、纲要式记载，以便需要时查阅；二是纪实式日记，即对某一客观事物的状况、某一事件的内容和日常生活中的小事作细致叙述描绘；三是随感式日记，所记内容大多是作者对某事的感想或对某书的学习心得体会；四是研讨式，即作者将自己所遇到的具有一定意义的现

象、事件、问题,加以认识、分析、判断,并把自己的认识过程记录下来的日记,具有综合性议论的特点。日记分为两部分:日期和天气,还有正文。

(一)日期和天气

日记正文之前通常有一栏固定内容:年、月、日,星期,天气。写在第一行,如"2009 年 8 月 17 日星期二多云转晴"。

(二)正文

位于日期和天气下一行,空两格开始写。内容随意自然,可记写心情、思考、事件、见闻等一件或多件事。

【例文】

　　2012 年 7 月 10 日　　　　星期二　　　多云

　　今天是军训的第二天,经历一上午的磨炼,我深深感受到了军训所带来的痛苦。的确,军训是枯燥而又乏味的,整整一个上午,我们只是在教官的带领下,练习了稍息、立正、跨列和原地转弯等基本内容;军训又是快乐的,它会在酷暑、骄阳之中,让你感受到清风般的慰藉。

　　先来说说军训的苦吧。烈日炎炎,汗流浃背,一次一次的练习,一声一声的呐喊,渐渐嘶哑的嗓音,慢慢消弱的体力……这便是此时此刻阳光下的我们所感受到的。如果用一个词来形容,那真可谓是"筋疲力尽"。不过再艰苦也要挺着,看看身旁的同学们个个都是"站如松",总不能就我一人喊声报告,到一旁休息吧。时光在训练中悄悄流逝,一上午最温暖的一股热浪终于向我们逼近了,不知不觉中我的额头上已挂满了汗珠。这一粒粒汗珠,还好像是故意捉弄我一般,在我的脸颊上缓缓流下,弄得我直痒痒,好像是在考验我的毅力,害得我只得咬着牙,继续保持着站姿。此时的我早已是腰酸背痛,脚底火辣辣的。但是,我现在是一个高中生,这点儿苦算什么? 再看我们整个班级依旧是一支整齐的队伍，没有一丝一毫的动摇。此刻，心中有一个声音不时地回荡："打不倒、击不跨是我们高中生的意志。"

其次说说军训之乐。本来教官在我心中的形象很严厉，经过今天的相处，我又发现了他和蔼可亲的一面。"累不累?""还支持得住吗?""怎么样?"多么温暖的问候啊！他还不时让我们去休息，叫同学们唱歌来缓解我们疲惫的身躯……这一系列的举动仿佛是炎热夏季里的一弘清泉，缓缓地流入我们的心田，滋润着一颗颗干涸的心。即使再热，我们的心也是凉爽的。

总而言之，军训就是苦与乐的交响曲，有苦必有乐，有乐必有苦。这其实与我们今后的学习生活是很相似的，我们既要做好为学习而吃苦的准备，又要在紧张的学习生活中去寻找属于自己的快乐。综上所述，军训给我带来最大的感受就是五个字：苦并快乐着！

2012 年 8 月 15 日　　星期三　　晴

自从放假以后，天天都下着绵绵细雨，今天终于放晴了。看着这样的好天气心里特别高兴，而且今天就是我们高中同学相聚的日子。

早上，吃完早餐我早早地就从家里出发了，朝着目的地——我们的母校走去。一路上，思绪万千，想象着同学们的变化，以及见面以后会出现什么样的情景等等。时间不知不觉过去了，终于来到了我们的母校。一走进校园，以前的景象历历在目，顿时心底涌上了一种亲切感，同时也发现我们的母校发生了很大的变化。首先是教学楼披上了新装，粉刷一新，还有就是食堂的改变，图书馆的建成等等。这些都是我们离开后才出现的。走在校园的林荫道上，仔细回想以前的读书生活，还真的别有一番滋味。

这时只见小道上稀稀疏疏走着几个补课的学生，他们行色匆匆，现在时间对他们来说太宝贵了。沿着林荫小道，我来到了我们聚会的地点——以前读书的教室，这时已经有好几个同学到了。我加快脚步，大

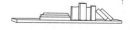

声地喊着她们的名字,这时自然有一番问候了,而且每个人脸上的惊喜之情都表露无遗。接下来在大家的笑声中同学们陆陆续续都来了,在一片问候声后我们朝着下一个目的地——老师的家走去。我们的班主任依然如当年一样,说话特别幽默、风趣。在接下来的时间就是大家聚餐,娱乐……这一天在一片欢笑声中结束了,同学聚会真好!

【动手小训练】

1. 请分别写一篇观察日记、活动日记和感想日记。

2. 准备一个日记本,养成平时记日记或周记的习惯。

实用情境回眸

这是周檬的一篇日记,老师给予了很高的评价,让我们一起欣赏:

2011 年 5 月 15 日　　星期一　　晴

"哭,我为了感动谁。笑,又为了唤醒谁。在患得患失之间我们学着努力长大。"

偶然看到了这句话,内心涌起些许小小的感触。已经记不得哭过或笑过多少次,只知道在成长的足迹里那些眼泪与微笑占据了很多空间,原来哭和笑是相互依存的。

一直以来,我都认为哭是脆弱的象征,它牵绊着我。所以我发誓坚决不在别人面前哭泣。伤心又怎样?痛苦又怎样?难道哭后就能解决一切问题吗?我不喜欢那些苦涩的泪水。

直到初中毕业那天,我竟奇迹般地流下了眼泪。也许是内心积存已久的情感在释放,又或者真正感动了。三年的友谊,三年的生活,曾经一起欢笑,一起伤悲,而如今,又将各奔东西。我只能对微笑说一声对不起,因为我无法抑制住自己的情绪。终于明白,哭不仅仅是脆弱的代表,同时也夹杂着许多情感。也许,这也是一种宣泄感情的方式,只是形式不同罢了。

"笑"这个字眼真的好复杂。我们快乐时笑,得意时笑,甚至连悲伤时也笑。那么,笑得太久会不会哭得越久?有人说:笑一笑,十年少。这显然有些夸张,其本意只是想让人们都拥有一个豁达开朗的心态。这种心态固然好,可是,又有谁能一辈子欢笑呢?所以,要靠人与人之间的和谐相处来传递这种快乐,即使短暂也是好的。在摔跤时,有人扶你一把,你是否会感到温暖?在公交车上,有人把自己的座位让给你,你又是否会感到一阵感动?是啊,我们不需要过度地去追求所谓的"快乐天堂",只要自己能够快乐地微笑就行,因为任何华丽的语言都比不上微笑。

我承认,现在的我们还不能正确地控制自己的情感。可是换个角度来想这样不也是挺好的吗?在这无所顾忌、无所忧虑的青春海洋里我们尽情畅游。当我们踏入了社会,接触了更多的人、事、物,了解了更多的人情世故后,只怕再没精力去游了。因为那时我们已不再是现在的孩子。所以,不需要刻意隐藏自己,我们要成长,就必须表达出自己最真实的一面,让自己活得更精彩。

即使微笑与哭泣都是短暂的,我们依然珍惜。因为眼泪与笑声中记载着成长的点点滴滴。

快速格式化——常见文体范例

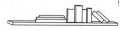

图书在版编目(CIP)数据

快速格式化：常见文体范例／唐江编著. —贵阳：
贵州人民出版社，2013.9(2021.3 重印)

ISBN 978－7－221－11286－6

Ⅰ.①快… Ⅱ.①唐… Ⅲ.①作文课－中小学－教学
参考资料 Ⅳ.①G634.343

中国版本图书馆 CIP 数据核字(2013)第 201268 号

快速格式化
——常见文体范例
唐 江 编著

出版发行	贵州出版集团　贵州人民出版社
地　　址	贵阳市中华北路 289 号
责任编辑	徐　一
封面设计	连伟娟
印　　刷	三河市腾飞印务有限公司
规　　格	850mm×1168mm　1/16
字　　数	140 千字
印　　张	10.75
版　　次	2014 年 7 月第 1 版
印　　次	2021 年 3 月第 2 次印刷

书　　号：ISBN 978－7－221－11286－6　定　价:28.00 元

"快乐阅读"书系首批书目

语文知识类

秒杀错别字

点到为止
　　　——标点符号的正确使用

当心错读误义
　　　——速记多音字

错词清道夫

巧学妙用汉语虚词

别乱点鸳鸯谱
　　　——汉语关联词的准确搭配

似是而非惹的祸
　　　——常见语病治疗

难乎？不难！
　　　——古汉语与现代汉语句法比较

作文知识类

议论文三步上篮

说明文一传到位

快速格式化
　　　——常见文体范例

数学知识类

情报保护神——密码

来自航海的启发——球面几何

骰子掷出的学问——概率

数据分析的基石——统计

文学导步类

中国诗歌入门寻味

中国戏剧入门寻味

中国小说入门寻味

中国散文入门寻味

中国民间文学入门寻味

文学欣赏类

中国历代诗歌精品秀

中国历代词、曲精品秀

中国历代散文精品秀

语言文化类

趣数汉语"万能"动词

个人修养类

中国名著甲乙丙

世界名著 ABC